한자와 영어 어휘를 동시에 익히는

문해력 쑥쑥

어휘력

1

헤르몬
HERMONHOUSE

우리 아이에게
"문해력쑥쑥"이
필요한 이유

입시에서 논술형과 서술형 평가가 강조되는 상황 속에서 우리 아이들에게 필요한 핵심 역량은 무엇일까요?

그것은 바로 '문해력'입니다.

문해력은 글을 읽고 이해하는 것에서 나아가 자신의 생각과 의견을 논리적으로 표현하는데 꼭 필요한 능력입니다. 이는 기본적인 어휘력을 바탕으로 이해력, 독해력, 사고력, 논리력 등을 모두 포함합니다.

특히, 우리 아이들이 공부를 어려워하는 이유 중 하나는 한자어로 이뤄진 '어휘' 때문인데요.

어휘를 익힐 때 한자의 기본적인 뜻을 알면, 쉽게 이해할 수 있습니다.

하지만 평소 한자의 뜻까지 생각하며 어휘를 익힐 기회가 없지요.

그래서 한자의 본래 뜻을 함께 익히는 방법을 고민한 끝에,

일상에서 자주 접하는 90개 소재를 바탕으로 이 책을 기획하게 되었습니다.

우리 아이에게
"문해력쑥쑥"이
특별한 이유

단순 한자어뿐만 아니라 관련 한자 성어를 함께 익히면

풍부한 어휘력과 표현력을 기를 수 있다고 생각했습니다.

그래서 이 책에서는 **한자어(360개)와 한자 성어(270개)**를 제시하고 있습니다.

또한, 한자 학습을 하면서 한글과 영어를 함께 익힐 수 있도록 구성했습니다.

고로 한자, 영어, 우리말을 동시에 배울 수 있는 1석 3조의 효과를 얻을 수 있습니다.

그리고 무엇보다 어휘 공부는 습관 형성이 중요하기에

1, 2, 3권 각각 30일동안 꾸준히 매일 학습할 수 있도록 구성했습니다.

하루에 딱 10분 정도만 투자해서 공부하는 습관을 만들고 이어가길 응원합니다.

이 책의 **차례**

이 책의 구성과 특징

① 개념 설명

유닛별 해당하는 개념을 간략히 소개하고, 당일 학습할 한자어와 한자성어를 제시합니다.

② 한자어 학습

1번은 한자어의 기본적인 음과 뜻을 살펴보며, 영어 단어와 뜻을 비교하는 문항입니다. 기본 뜻이 중복되거나 이해하기 어려운 경우 해당 어휘를 설명하는 뜻을 추가로 적어두었습니다. 2번은 두 개의 한자어가 만들어낸 새로운 한자어를 제시하며 이와 뜻이 같은 영어 단어를 맞히는 문항입니다.

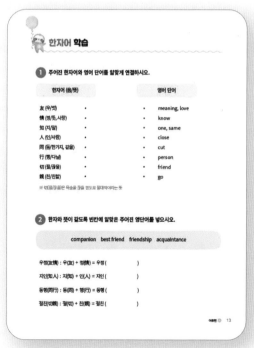

③ 한자 성어 학습

1번은 주어진 한자 성어와 영어(우리말) 설명을 확인하는 문항으로 구성하였습니다. 2번은 한자 성어의 뜻을 바탕으로 응용하여 제작된 새로운 문항으로 구성하였습니다.

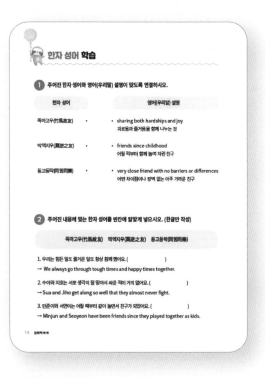

④ 정답

한자어와 한자 성어 해당 문항의 정답을 제시합니다.

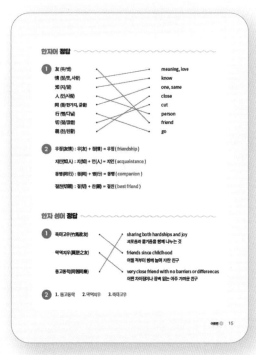

이 책의 구성과 특징

5 부록

한자어와 한자 성어의 사전에 있는
기본 뜻을 제시합니다. 모르는 한자
어나 한자 성어가 있는 경우 활용합
니다. 교재에 있는 문제를 풀기 전에
미리 한번 읽어보면 도움이 됩니다.

---

❶ 가족(Family)

부모(父母) : 아버지와 어머니를 아울러 이르는 말.
형제(兄弟) : 형과 아우를 아울러 이르는 말. 형제와 자매, 남매를 통틀어 이르는 말.
자매(姊妹) : 언니와 여동생 사이를 이르는 말.
자녀(子女) : 아들과 딸을 아울러 이르는 말.
가화만사성(家和萬事成) : 집안이 화목하면 모든 일이 잘됨.
부전자전(父傳子傳) : 아들의 성격이나 생활 습관 따위가 아버지로부터 대물림된 것처럼 같거나 비슷함.
가부장제(家父長制) : 가부장이 가족에 대한 지배권을 행사하는 가족 형태. 또는 그런 지배 형태.

---

❷ 친구(Friend)

우정(友情) : 친구 사이의 정.
지인(知人) : 아는 사람.
동행(同行) : 같이 길을 감.
절친(切親) : 더할 나위 없이 친한 친구.
죽마고우(竹馬故友) : 어릴 때부터 같이 놀며 자란 벗.
막역지우(莫逆之友) : 허물이 없이 아주 친한 친구.
동고동락(同苦同樂) : 괴로움도 즐거움도 함께함.

---

❸ 인사(Greeting)

안녕(安寧) : 아무 탈 없이 편안함.
감사(感謝) : 고마움을 나타내는 인사.
환영(歡迎) : 오는 사람을 기쁜 마음으로 반갑게 맞음.
안부(安否) : 어떤 사람이 편안하게 잘 지내고 있는지 그렇지 아니한지에 대한 소식. 또는 그것을
전하거나 묻는 일.
감지덕지(感之德之) : 분에 넘치는 듯싶어 매우 고맙게 여기는 모양.
만사형통(萬事亨通) : 모든 것이 뜻대로 잘됨.
송구영신(送舊迎新) : 묵은해를 보내고 새해를 맞음.

130 문해력 쑥쑥

01 가족(family)

가족(家族)이란 한집에서 함께 생활하는 사람들의 집단(공동체)이에요. 보통 부모님과 자녀로 이루어져 있지만, 할머니, 할아버지, 삼촌, 이모, 고모 같은 분들도 가족이에요. 꼭 혈연으로 이어져야만 가족이 되는 건 아니에요. 서로를 아끼고 도와주며 함께 시간을 보내는 사람들도 가족이 될 수 있어요.

[관련 한자어]

부모(父母) 형제(兄弟) 자매(姉妹) 자녀(子女)

[관련 한자 성어]

가화만사성(家和萬事成) 부전자전(父傳子傳) 가부장제(家父長制)

한자어 학습

1 주어진 한자어와 영어 단어를 알맞게 연결하시오.

한자어 (음/뜻)	영어 단어

父 (부/아버지) •　　　　　　　•　older brother

母 (모/어머니) •　　　　　　　•　younger sister

兄 (형/형) •　　　　　　　•　mother

弟 (제/아우) •　　　　　　　•　older sister

姉 (자/윗누이) •　　　　　　　•　son

妹 (매/누이) •　　　　　　　•　woman, daughter

子 (자/아들) •　　　　　　　•　father

女 (녀/여자, 딸) •　　　　　　　•　younger brother

2 한자와 뜻이 같도록 빈칸에 알맞은 주어진 영단어를 넣으시오.

children　brothers　parents　sisters

부모(父母) : 부(父) + 모(母) = 부모 (　　　　　　　)

형제(兄弟) : 형(兄) + 제(弟) = 형제 (　　　　　　　)

자매(姉妹) : 자(姉) + 매(妹) = 자매 (　　　　　　　)

자녀(子女) : 자(子) + 녀(女) = 자녀 (　　　　　　　)

한자 성어 학습

1 주어진 한자 성어와 영어(우리말) 설명이 맞도록 연결하시오.

한자 성어	영어(우리말) 설명

가화만사성(家和萬事成)　·

가화만사성(家和萬事成)　·

· knowledge or traits passed from father to son
아버지로부터 아들에게 전달되는 지식이나 특성

부전자전(父傳子傳)　·

· a system where the father is the head of the family and has authority over everyone
아버지가 가족의 수장으로서 권위를 가지는 제도

가부장제(家父長制)　·

· Harmony in the family brings success in all matters.
가정의 화합이 모든 일의 성공에 기여한다.

2 주어진 내용에 맞는 한자 성어를 빈칸에 알맞게 넣으시오. (한글만 작성)

> 가화만사성(家和萬事成)　　부전자전(父傳子傳)　　가부장제(家父長制)

1. 그는 아빠를 닮아서 수학을 잘한다. (　　　　　　　　)

→ He is good at math because he takes after his dad.

2. "가족이 사이좋으면 모든 일이 잘된다"는 말이 있다. (　　　　　　　　)

→ There's a saying, "When a family gets along, everything goes well."

3. 예전에는 아빠가 집안의 중요한 일을 모두 결정했다. (　　　　　　　　)

→ In the past, dads decided all the important things at home.

한자어 정답

1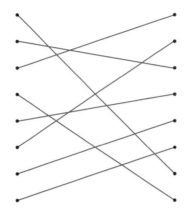

父 (부/아버지) — father
母 (모/어머니) — mother
兄 (형/형) — older brother
弟 (제/아우) — younger brother
姉 (자/윗누이) — older sister
妹 (매/누이) — younger sister
子 (자/아들) — son
女 (녀/여자, 딸) — woman, daughter

2 부모(父母) : 부(父) + 모(母) = 부모 (parents)

형제(兄弟) : 형(兄) + 제(弟) = 형제 (brothers)

자매(姉妹) : 자(姉) + 매(妹) = 자매 (sisters)

자녀(子女) : 자(子) + 녀(女) = 자녀 (children)

한자 성어 정답

1

가화만사성(家和萬事成) — Harmony in the family brings success in all matters.
가정의 화합이 모든 일의 성공에 기여한다.

부전자전(父傳子傳) — knowledge or traits passed from father to son
아버지로부터 아들에게 전달되는 지식이나 특성

가부장제(家父長制) — a system where the father is the head of the family and has authority over everyone
아버지가 가족의 수장으로서 권위를 가지는 제도

2 1. 부전자전   2. 가화만사성   3. 가부장제

02 친구(friend)

친구(親舊)란 서로 좋아하고 함께 시간을 보내는 사람을 말해요. 친구는 같은 학교에서 만나기도 하고, 동네에서 만나기도 해요. 친구는 꼭 가족이 아니지만, 서로 도와주고 마음을 나누는 소중한 사람이에요. 나이와 상관없이 누구나 친구가 될 수 있고, 함께 놀고 이야기하면서 더 가까워질 수 있어요.

[관련 한자어]

우정(友情)   지인(知人)   동행(同行)   절친(切親)

[관련 한자 성어]

죽마고우(竹馬故友)   막역지우(莫逆之友)   동고동락(同苦同樂)

한자어 학습

1 주어진 한자어와 영어 단어를 알맞게 연결하시오.

한자어 (음/뜻)			영어 단어
友 (우/벗)	•	•	meaning, love
情 (정/뜻, 사랑)	•	•	know
知 (지/알)	•	•	one, same
人 (인/사람)	•	•	close
同 (동/한가지, 같을)	•	•	cut
行 (행/다닐)	•	•	person
切 (절/끊을)	•	•	friend
親 (친/친할)	•	•	go

※ 切(절/끊을)은 목숨을 끊을 정도로 절대적이라는 뜻

2 한자와 뜻이 같도록 빈칸에 알맞은 주어진 영단어를 넣으시오.

companion   best friend   friendship   acquaintance

우정(友情) : 우(友) + 정(情) = 우정 (   )

지인(知人) : 지(知) + 인(人) = 지인 (   )

동행(同行) : 동(同) + 행(行) = 동행 (   )

절친(切親) : 절(切) + 친(親) = 절친 (   )

한자 성어 학습

1 주어진 한자 성어와 영어(우리말) 설명이 맞도록 연결하시오.

한자 성어	영어(우리말) 설명

죽마고우(竹馬故友) •

막역지우(莫逆之友) •

동고동락(同苦同樂) •

• sharing both hardships and joy
괴로움과 즐거움을 함께 나누는 것

• friends since childhood
어릴 적부터 함께 놀며 자란 친구

• very close friend with no barriers or differences
어떠한 장벽이나 차이점이 없는 아주 가까운 친구

2 주어진 내용에 맞는 한자 성어를 빈칸에 알맞게 넣으시오. (한글만 작성)

죽마고우(竹馬故友)   막역지우(莫逆之友)   동고동락(同苦同樂)

1. 우리는 힘든 일도 즐거운 일도 항상 함께 해요. (   )

→ We always go through tough times and happy times together.

2. 수아와 지호는 서로 생각이 잘 맞아서 싸운 적이 거의 없어요. (   )

→ Sua and Jiho get along so well that they almost never fight.

3. 민준이와 서연이는 어릴 때부터 같이 놀면서 친구가 되었어요. (   )

→ Minjun and Seoyeon have been friends since they played together as kids.

한자어 정답 〰〰〰〰〰〰〰〰〰〰〰〰〰〰〰

1

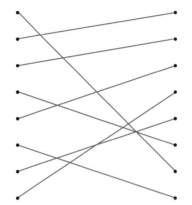

友 (우/벗)   meaning, love

情 (정/뜻, 사랑)   know

知 (지/알)   one, same

人 (인/사람)   close

同 (동/한가지, 같을)   cut

行 (행/다닐)   person

切 (절/끊을)   friend

親 (친/친할)   go

2

우정(友情) : 우(友) + 정(情) = 우정 (friendship)

지인(知人) : 지(知) + 인(人) = 지인 (acquaintance)

동행(同行) : 동(同) + 행(行) = 동행 (companion)

절친(切親) : 절(切) + 친(親) = 절친 (best friend)

한자 성어 정답 〰〰〰〰〰〰〰〰〰〰〰〰〰〰〰

1

죽마고우(竹馬故友)   sharing both hardships and joy
괴로움과 즐거움을 함께 나누는 것

막역지우(莫逆之友)   friends since childhood
어릴 적부터 함께 놀며 자란 친구

동고동락(同苦同樂)   very close friend with no barriers or differences
어떠한 장벽이나 차이점이 없는 아주 가까운 친구

2   1. 동고동락   2. 막역지우   3. 죽마고우

03 인사(Greeting)

인사(人事)란 사람을 만났을 때 처음으로 건네는 말이나 행동을 말해요. 인사는 상대방에게 예의를 표하고, 서로의 마음을 따뜻하게 열 수 있는 중요한 방법이에요. 인사는 "안녕하세요"처럼 간단한 말일 수도 있고, 고개를 살짝 숙이거나 손을 흔드는 동작일 수도 있어요. 인사는 처음 만난 사람뿐만 아니라, 오랜만에 만난 친구나 매일 만나는 사람에게도 사용할 수 있어요. 서로 인사를 나누면 더 친근하고 좋은 관계를 만들 수 있어요.

[관련 한자어]

안녕(安寧)　감사(感謝)　환영(歡迎)　안부(安否)

[관련 한자 성어]

감지덕지(感之德之)　만사형통(萬事亨通)　송구영신(送舊迎新)

한자어 학습

1 주어진 한자어와 영어 단어를 알맞게 연결하시오.

한자어 (음/뜻)	영어 단어

安 (안/편안할, 평안할)   •   •   feel

寧 (녕/편안할, 문안할)   •   •   welcome

感 (감/느낄)   •   •   comfortable, greet

謝 (사/사례할)   •   •   glad

歡 (환/기쁠)   •   •   not

迎 (영/맞을)   •   •   comfortable, peaceful

否 (부/아닐)   •   •   reward

2 한자와 뜻이 같도록 빈칸에 알맞은 주어진 영단어를 넣으시오.

> thanks   regards   peace   welcome

안녕(安寧) : 안(安) + 녕(寧) = 안녕 (   )

감사(感謝) : 감(感) + 사(謝) = 감사 (   )

환영(歡迎) : 환(歡) + 영(迎) = 환영 (   )

안부(安否) : 안(安) + 부(否) = 안부 (   )

한자 성어 학습

1 주어진 한자 성어와 영어(우리말) 설명이 맞도록 연결하시오.

| 한자 성어 | 영어(우리말) 설명 |

감지덕지(感之德之) •

• letting go of the old and welcoming the new
옛것을 보내고 새것을 맞이함

만사형통(萬事亨通) •

• feeling overwhelmed and very thankful
과분한 듯하여 아주 고맙게 느낌

송구영신(送舊迎新) •

• Everything goes well.
모든 일이 순조롭게 잘 이루어진다.

2 주어진 내용에 맞는 한자 성어를 빈칸에 알맞게 넣으시오. (한글만 작성)

감지덕지(感之德之)   만사형통(萬事亨通)   송구영신(送舊迎新)

1. 수지는 친구가 사탕을 나눠줬을 때도 고마움을 크게 느껴요. (   )

→ Suji feels thankful when her friend shares candy.

2. 우리 가족은 지난해를 돌아보고 새 계획을 세우고 있어요. (   )

→ My family is looking back at last year and making new plans.

3. 모든 경기가 다 잘 진행되어, 우리 반이 우승했어요! (   )

→ Every game went well, and our class won!

한자어 정답

1

安 (안/편안할, 평안할) — feel

寧 (녕/편안할, 문안할) — welcome

感 (감/느낄) — comfortable, greet

謝 (사/사례할) — glad

歡 (환/기쁠) — not

迎 (영/맞을) — comfortable, peaceful

否 (부/아닐) — reward

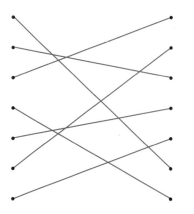

2 안녕(安寧) : 안(安) + 녕(寧) = 안녕 (peace)

감사(感謝) : 감(感) + 사(謝) = 감사 (thanks)

환영(歡迎) : 환(歡) + 영(迎) = 환영 (welcome)

안부(安否) : 안(安) + 부(否) = 안부 (regards)

한자 성어 정답

1

감지덕지(感之德之) — letting go of the old and welcoming the new
옛것을 보내고 새것을 맞이함

만사형통(萬事亨通) — feeling overwhelmed and very thankful
과분한 듯하여 아주 고맙게 느낌

송구영신(送舊迎新) — Everything goes well.
모든 일이 순조롭게 잘 이루어진다.

2 1. 감지덕지   2. 송구영신   3. 만사형통

04 집(Home)

집(家)이란 가족이 함께 모여 살며 생활하는 공간을 말해요. 집은 가족이 쉬고, 먹고, 이야기를 나누는 따뜻한 장소예요. 집은 아파트일 수도 있고 단독주택일 수도 있지만, 중요한 건 그곳에서 사랑하는 사람들과 함께 지낸다는 점이에요. 집에서는 즐거운 일도 있고 때로는 힘든 일도 있지만, 가족과 함께 있으면 언제나 편안하고 안전한 느낌을 받아요. 집은 우리가 자라면서 추억을 쌓는 특별한 곳이기도 해요.

[관련 한자어]

가정(家庭)　주택(住宅)　출입(出入)　가문(家門)

[관련 한자 성어]

가가호호(家家戶戶)　자수성가(自手成家)　초가삼간(草家三間)

한자어 학습

1 주어진 한자어와 영어 단어를 알맞게 연결하시오.

한자어 (음/뜻)	영어 단어

家 (가/집, 가족) •   • yard

庭 (정/뜰) •   • exit

住 (주/살) •   • enter

宅 (택/집) •   • house

出 (출/날) •   • gate

入 (입/들) •   • home, family

門 (문/문) •   • live

2 한자와 뜻이 같도록 빈칸에 알맞은 주어진 영단어를 넣으시오.

> house   family   entry   home

가정(家庭) : 가(家) + 정(庭) = 가정 (   )

주택(住宅) : 주(住) + 택(宅) = 주택 (   )

출입(出入) : 출(出) + 입(入) = 출입 (   )

가문(家門) : 가(家) + 문(門) = 가문 (   )

한자성어 학습

① 주어진 한자성어와 영어(우리말) 설명이 맞도록 연결하시오.

한자 성어	영어(우리말) 설명

가가호호(家家戶戶) •

• a simple and humble house
간단하고 소박한 집

자수성가(自手成家) •

• home to home, house to house
가정마다, 집마다

초가삼간(草家三間) •

• achieving success through one's own efforts
스스로 노력하여 성공을 이룸

② 주어진 내용에 맞는 한자 성어를 빈칸에 알맞게 넣으시오. (한글만 작성)

가가호호(家家戶戶)　자수성가(自手成家)　초가삼간(草家三間)

1. 아빠는 힘들게 일해서 우리 가족을 스스로 일으켰어요. (　　　　　　)

→ My dad worked hard and built up our family on his own.

2. 집은 작지만 혼자 살기에 충분해요. (　　　　　　)

→ The house is small, but it's enough for living alone.

3. 모든 가정은 고유한 전통이 있어요. (　　　　　　)

→ Every family has unique traditions.

한자어 정답

1

家 (가/집, 가족)
庭 (정/뜰)
住 (주/살)
宅 (택/집)
出 (출/날)
入 (입/들)
門 (문/문)

yard
exit
enter
house
gate
home, family
live

2

가정(家庭) : 가(家) + 정(庭) = 가정 (home)

주택(住宅) : 주(住) + 택(宅) = 주택 (house)

출입(出入) : 출(出) + 입(入) = 출입 (entry)

가문(家門) : 가(家) + 문(門) = 가문 (family)

한자 성어 정답

1

가가호호(家家戶戶)

자수성가(自手成家)

초가삼간(草家三間)

a simple and humble house
간단하고 소박한 집

home to home, house to house
가정마다, 집마다

achieving success through one's own efforts
스스로 노력하여 성공을 이룸

2 1. 자수성가   2. 초가삼간   3. 가가호호

05 손님(Guest)

손님(客)이란 우리 집이나 어떤 장소에 방문하는 사람을 말해요. 손님은 특별히 맞이하고 대접하는 소중한 사람이에요. 손님이 오면 우리는 따뜻하게 맞이하고 함께 시간을 보내면서 이야기를 나눌 수 있어요. 손님은 우리에게 기쁨을 주고, 때로는 새로운 경험을 가져다주는 중요한 존재예요. 누구나 손님이 될 수 있고, 손님을 잘 맞이하는 것은 중요한 예절이에요.

[관련 한자어]

객실(客室)   초대(招待)   방문(訪問)   응대(應待)

[관련 한자 성어]

문전성시(門前成市)   주객전도(主客顚倒)   진수성찬(珍羞盛饌)

한자어 학습

1 주어진 한자어와 영어 단어를 알맞게 연결하시오.

한자어 (음/뜻)	영어 단어

客 (객/손)   •   •   house, room

室 (실/집, 방)   •   •   wait

招 (초/부를)   •   •   guest

待 (대/기다릴)   •   •   ask

訪 (방/찾을)   •   •   respond

問 (문/물을)   •   •   find

應 (응/응할)   •   •   call

2 한자와 뜻이 같도록 빈칸에 알맞은 주어진 영단어를 넣으시오.

> visit   guest room   reception   invitation

객실(客室) : 객(客) + 실(室) = 객실 (   )

초대(招待) : 초(招) + 대(待) = 초대 (   )

방문(訪問) : 방(訪) + 문(問) = 방문 (   )

응대(應待) : 응(應) + 대(待) = 응대 (   )

한자 성어 학습

1 주어진 한자 성어와 영어(우리말) 설명이 맞도록 연결하시오.

한자 성어	영어(우리말) 설명

문전성시(門前成市) •

• The roles of host and guest are reversed.
주인과 손님의 역할이 뒤바뀌다.

주객전도(主客顚倒) •

• a place crowded with visitors or customers
방문객과 고객으로 붐비는 장소

진수성찬(珍羞盛饌) •

• a large feast with lots of special food
많은 특별한 음식이 있는 성대한 잔치

2 주어진 내용에 맞는 한자 성어를 빈칸에 알맞게 넣으시오. (한글만 작성)

> 문전성시(門前成市)　주객전도(主客顚倒)　진수성찬(珍羞盛饌)

1. 유명한 배우가 우리 학교에 와서 친구들이 몰려들었어요. (　　　　　　　)
→ A famous actor came to our school, and everyone crowded around.

2. 엄마가 생일 파티를 위해 정말 많은 음식을 준비해주셨어요. (　　　　　　　)
→ Mom prepared so much delicious food for my birthday party.

3. 내 친구들이 우리 집에서 주인처럼 행세를 해요. (　　　　　　　)
→ My friends act like they are the owners in my house.

한자어 정답

1

客 (객/손)   house, room

室 (실/집, 방)   wait

招 (초/부를)   guest

待 (대/기다릴)   ask

訪 (방/찾을)   respond

問 (문/물을)   find

應 (응/응할)   call

2

객실(客室) : 객(客) + 실(室) = 객실 (guest room)

초대(招待) : 초(招) + 대(待) = 초대 (invitation)

방문(訪問) : 방(訪) + 문(問) = 방문 (visit)

응대(應待) : 응(應) + 대(待) = 응대 (reception)

한자 성어 정답

1

문전성시(門前成市)   The roles of host and guest are reversed.
주인과 손님의 역할이 뒤바뀌다.

주객전도(主客顚倒)   a place crowded with visitors or customers
방문객과 고객으로 붐비는 장소

진수성찬(珍羞盛饌)   a large feast with lots of special food
많은 특별한 음식이 있는 성대한 잔치

2   1. 문전성시   2. 진수성찬   3. 주객전도

06 학교(School)

학교(學校)란 학생들이 모여서 공부하고 배우는 곳을 말해요. 학교에서는 국어, 수학, 영어 등 다양한 과목을 배우고, 선생님, 친구들과 함께 생활해요. 학교는 공부뿐만 아니라, 친구를 사귀고 여러 가지 활동을 통해 성장하는 중요한 장소예요. 친구들과 더불어 협력하고, 서로 도우면서 즐거운 시간을 보내기도 해요. 나이와 상관없이 누구나 학교에서 배움을 통해 더 나은 사람이 될 수 있어요.

[관련 한자어]

교사(敎師)   학생(學生)   입학(入學)   졸업(卒業)

[관련 한자 성어]

교학상장(敎學相長)   청출어람(靑出於藍)   문일지십(聞一知十)

한자어 학습

1 주어진 한자어와 영어 단어를 알맞게 연결하시오.

한자어 (음/뜻)		영어 단어
教 (교/가르칠)	•	• enter
師 (사/스승)	•	• teach
學 (학/배울)	•	• born
生 (생/날)	•	• finish
入 (입/들)	•	• learn
卒 (졸/마칠)	•	• task, work
業 (업/업, 일)	•	• teacher

2 한자와 뜻이 같도록 빈칸에 알맞은 주어진 영단어를 넣으시오.

graduation   student   teacher   admission

교사(教師) : 교(教) + 사(師) = 교사 (   )

학생(學生) : 학(學) + 생(生) = 학생 (   )

입학(入學) : 입(入) + 학(學) = 입학 (   )

졸업(卒業) : 졸(卒) + 업(業) = 졸업 (   )

한자 성어 학습

1 주어진 한자 성어와 영어(우리말) 설명이 맞도록 연결하시오.

한자 성어	영어(우리말) 설명

교학상장(敎學相長)　•

청출어람(靑出於藍)　•

문일지십(聞一知十)　•

• The student surpasses the teacher.
제자가 스승을 능가한다.

• understanding ten things by hearing one
하나를 들으면 열을 앎

• Teaching and learning improve each other.
가르치고 배우는 것이 서로를 향상시킨다.

2 주어진 내용에 맞는 한자 성어를 빈칸에 알맞게 넣으시오. (한글만 작성)

교학상장(敎學相長)　청출어람(靑出於藍)　문일지십(聞一知十)

1. 선생님이 한 가지를 설명해 주셨는데, 나는 나머지도 금방 이해했어요. (　　　　　　)

→ The teacher explained one thing, and I understood everything else quickly.

2. 서로 가르쳐 주면서 둘 다 실력이 좋아졌어요. (　　　　　　)

→ By teaching each other, we both got better.

3. 내가 가르친 제자가 이제는 나보다 더 잘하게 되었어요. (　　　　　　)

→ The student I taught is now better than me.

한자어 정답

1

教 (교/가르칠) ────────── enter

師 (사/스승) ────────── teach

學 (학/배울) ────────── born

生 (생/날) ────────── finish

入 (입/들) ────────── learn

卒 (졸/마칠) ────────── task, work

業 (업/업, 일) ────────── teacher

2 교사(教師) : 교(教) + 사(師) = 교사 (teacher)

학생(學生) : 학(學) + 생(生) = 학생 (student)

입학(入學) : 입(入) + 학(學) = 입학 (admission)

졸업(卒業) : 졸(卒) + 업(業) = 졸업 (graduation)

한자 성어 정답

1

교학상장(教學相長) ────────── The student surpasses the teacher.
제자가 스승을 능가한다.

청출어람(靑出於藍) ────────── understanding ten things by hearing one
하나를 들으면 열을 앎

문일지십(聞一知十) ────────── Teaching and learning improve each other.
가르치고 배우는 것이 서로를 향상시킨다.

2 1. 문일지십   2. 교학상장   3. 청출어람

07 학습(Learning)

학습(學習)이란 지식이나 기술을 습득하고 이해하는 과정을 말해요. 학습은 학교에서 수업을 통해 이루어지기도 하고, 가정이나 사회에서도 자연스럽게 이루어질 수 있어요. 학습은 단순히 정보를 기억하는 것이 아니라, 이를 활용하고 응용할 수 있도록 돕는 중요한 과정이에요. 누구나 학습을 통해 새로운 것을 배우고 성장할 수 있으며, 다양한 경험을 통해 지혜를 쌓아갈 수 있어요. 서로 도와주고 질문하며 함께 고민하는 과정에서 더욱 깊이 있는 학습이 이루어질 수 있지요.

[**관련** 한자어]

경험(經驗) 이해(理解) 평가(評價) 습관(習慣)

[**관련** 한자 성어]

학이시습지(學而時習之) 수불석권(手不釋卷) 형설지공(螢雪之功)

한자어 학습

1 주어진 한자어와 영어 단어를 알맞게 연결하시오.

한자어 (음/뜻)		영어 단어

經 (경/날, 겪을) •　　　　　　　　• solve

驗 (험/시험) •　　　　　　　　• practice

理 (이/다스릴) •　　　　　　　　• warp, experience

解 (해/풀) •　　　　　　　　• test

評 (평/평할) •　　　　　　　　• experienced

價 (가/값) •　　　　　　　　• govern

習 (습/익힐) •　　　　　　　　• value

慣 (관/익숙할) •　　　　　　　　• evaluate

※ 날, 날실 : 옷감이나 그물을 짤 때, 세로 방향으로 놓인 실

2 한자와 뜻이 같도록 빈칸에 알맞은 주어진 영단어를 넣으시오.

evaluation　experience　habit　understanding

경험(經驗) : 경(經) + 험(驗) = 경험 (　　　　　　　　)

이해(理解) : 이(理) + 해(解) = 이해 (　　　　　　　　)

평가(評價) : 평(評) + 가(價) = 평가 (　　　　　　　　)

습관(習慣) : 습(習) + 관(慣) = 습관 (　　　　　　　　)

한자 성어 학습

1 주어진 한자 성어와 영어(우리말) 설명이 맞도록 연결하시오.

한자 성어	영어(우리말) 설명

학이시습지(學而時習之) •

수불석권(手不釋卷) •

형설지공(螢雪之功) •

• studying hard even in difficult situations
어려운 상황에서도 열심히 공부함

• learning by studying and practicing
공부하고 익히며 배움

• always reading without putting down a book
책을 내려놓지 않고 항상 읽음

2 주어진 내용에 맞는 한자 성어를 빈칸에 알맞게 넣으시오. (한글만 작성)

> 학이시습지(學而時習之) 수불석권(手不釋卷) 형설지공(螢雪之功)

1. 진우는 매일 책을 손에서 놓지 않고 열심히 공부해요. (   )

→ Jinwoo studies hard and never puts down his book.

2. 우리는 배운 내용을 더 잘 이해하기 위해 복습하고 있어요. (   )

→ We are reviewing what we learned to understand it better.

3. 나는 어려운 환경에서도 열심히 공부했어요. (   )

→ I studied hard even in a tough situation.

한자어 정답

1

經 (경/날, 겪을)	solve
驗 (험/시험)	practice
理 (이/다스릴)	warp, experience
解 (해/풀)	test
評 (평/평할)	experienced
價 (가/값)	govern
習 (습/익힐)	value
慣 (관/익숙할)	evaluate

2

경험(經驗) : 경(經) + 험(驗) = 경험 (experience)

이해(理解) : 이(理) + 해(解) = 이해 (understanding)

평가(評價) : 평(評) + 가(價) = 평가 (evaluation)

습관(習慣) : 습(習) + 관(慣) = 습관 (habit)

한자 성어 정답

1

학이시습지(學而時習之)	studying hard even in difficult situations 어려운 상황에서도 열심히 공부함
수불석권(手不釋卷)	learning by studying and practicing 공부하고 익히며 배움
형설지공(螢雪之功)	always reading without putting down a book 책을 내려놓지 않고 항상 읽음

2 1. 수불석권   2. 학이시습지   3. 형설지공

 08 역사(History)

역사(歷史)란 과거에 일어난 사건과 사람들의 행동을 연구하고 기록하는 학문이에요. 역사는 우리에게 어떤 일이 있었는지, 사람들이 어떻게 살았는지를 알려줘요. 우리는 역사를 통해 중요한 사건들을 배우고, 선조들의 삶과 문화를 이해할 수 있어요. 역사는 단순히 과거의 이야기가 아니라, 현재와 미래를 이해하는 데에도 큰 도움이 되지요. 사람들은 역사 속의 교훈을 통해 더 나은 세상을 만들어 나갈 수 있어요.

[관련 한자어]

문명(文明)   유적(遺跡)   사료(史料)   국사(國史)

[관련 한자 성어]

흥망성쇠(興亡盛衰)   개국공신(開國功臣)   제정일치(帝政一致)

한자어 학습

1 주어진 한자어와 영어 단어를 알맞게 연결하시오.

한자어 (음/뜻)	영어 단어
文 (문/글월) •	• bright
明 (명/밝을) •	• history
遺 (유/남길) •	• text
跡 (적/자취) •	• guess
史 (사/역사) •	• trace
料 (료/헤아릴) •	• country
國 (국/나라) •	• leave

※ 헤아리다 : 짐작하여 가늠하거나 미루어 생각하다.

2 한자와 뜻이 같도록 빈칸에 알맞은 주어진 영단어를 넣으시오.

national history   civilization   remains   historical materials

문명(文明) : 문(文) + 명(明) = 문명 (   )

유적(遺跡) : 유(遺) + 적(跡) = 유적 (   )

사료(史料) : 사(史) + 료(料) = 사료 (   )

국사(國史) : 국(國) + 사(史) = 국사 (   )

한자 성어 학습

1 주어진 한자 성어와 영어(우리말) 설명이 맞도록 연결하시오.

한자 성어	영어(우리말) 설명

흥망성쇠(興亡盛衰)　·

개국공신(開國功臣)　·

제정일치(帝政一致)　·

· founding heroes of a nation
　국가를 세운 영웅들

· the unity of political and religious power
　정치와 종교 권력의 일치

· rise and fall of a nation or dynasty
　국가나 왕조의 번영과 몰락

2 주어진 내용에 맞는 한자 성어를 빈칸에 알맞게 넣으시오. (한글만 작성)

> 흥망성쇠(興亡盛衰)　개국공신(開國功臣)　제정일치(帝政一致)

1. 이 나라의 왕은 정치와 제사를 함께 관리해요. (　　　　　　)
→ The king of this country manages both politics and rituals.

2. 나라를 세운 영웅들은 많은 사람에게 존경받아요. (　　　　　　)
→ The heroes who founded the country are respected by many people.

3. 이 왕국은 한때 부강했지만, 지금은 많은 어려움을 겪고 있어요. (　　　　　　)
→ This kingdom was once powerful, but now it faces many difficulties.

한자어 정답 〜〜〜〜〜〜〜〜〜〜〜〜〜〜〜〜〜〜〜〜〜〜〜〜〜

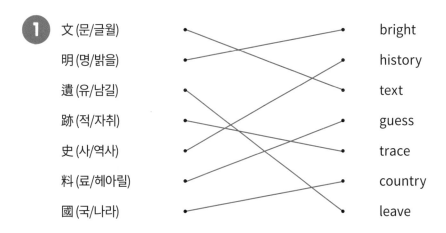

1
- 文 (문/글월)
- 明 (명/밝을)
- 遺 (유/남길)
- 跡 (적/자취)
- 史 (사/역사)
- 料 (료/헤아릴)
- 國 (국/나라)

- bright
- history
- text
- guess
- trace
- country
- leave

2

문명(文明) : 문(文) + 명(明) = 문명 (civilization)

유적(遺跡) : 유(遺) + 적(跡) = 유적 (remains)

사료(史料) : 사(史) + 료(料) = 사료 (historical materials)

국사(國史) : 국(國) + 사(史) = 국사 (national history)

한자 성어 정답 〜〜〜〜〜〜〜〜〜〜〜〜〜〜〜〜〜〜〜〜〜〜〜〜〜

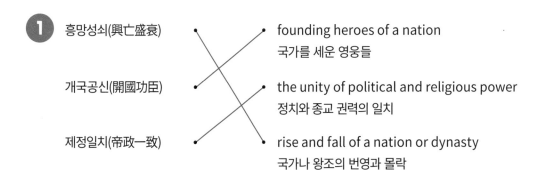

1
- 흥망성쇠(興亡盛衰)
- 개국공신(開國功臣)
- 제정일치(帝政一致)

- founding heroes of a nation
  국가를 세운 영웅들
- the unity of political and religious power
  정치와 종교 권력의 일치
- rise and fall of a nation or dynasty
  국가나 왕조의 번영과 몰락

2 1. 제정일치   2. 개국공신   3. 흥망성쇠

09 과학(Science)

과학(科學)이란 자연 세계를 연구하고 이해하는 학문이에요. 과학은 실험과 관찰을 통해 사실과 원리를 찾아내고, 이를 바탕으로 새로운 지식을 만들어 나가는 것이에요. 우리는 과학을 통해 세상의 다양한 현상을 알 수 있어요. 예를 들어 날씨, 생물, 물질의 변화 등을 배우고 이해할 수 있어요. 과학은 우리의 생활과 밀접하게 연결되어 있어서, 기술 발전이나 문제 해결에 큰 도움을 주어요. 과학을 배우고 탐구하며 호기심을 가지고 세상을 바라보면 더 많은 것을 발견할 수 있어요.

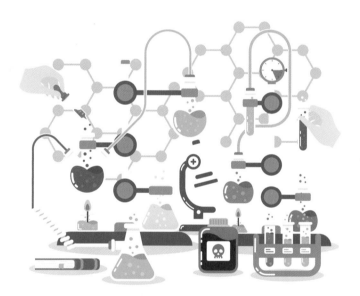

[관련 한자어]

실험(實驗)   관찰(觀察)   발견(發見)   연구(研究)

[관련 한자 성어]

실사구시(實事求是)   격물치지(格物致知)   백문불여일견(百聞不如一見)

한자어 학습

1 주어진 한자어와 영어 단어를 알맞게 연결하시오.

한자어 (음/뜻)	영어 단어
實 (실/열매) •	• test
驗 (험/시험) •	• research
觀 (관/볼) •	• look, examine
察 (찰/살필, 검사할) •	• fruit
發 (발/필, 밝힐) •	• see
見 (견/볼, 알) •	• bloom, reveal
硏 (연/갈) •	• see, know
究 (구/연구할) •	• grind

※ 밝히다 : 드러나지 않거나 알려지지 않은 사실. 내용, 생각 따위를 드러내 알리다.

2 한자와 뜻이 같도록 빈칸에 알맞은 주어진 영단어를 넣으시오.

observation   research   discovery   experiment

실험(實驗) : 실(實) + 험(驗) = 실험 (   )

관찰(觀察) : 관(觀) + 찰(察) = 관찰 (   )

발견(發見) : 발(發) + 견(見) = 발견 (   )

연구(硏究) : 연(硏) + 구(究) = 연구 (   )

한자 성어 **학습**

1 주어진 한자 성어와 영어(우리말) 설명이 맞도록 연결하시오.

한자 성어	영어(우리말) 설명

실사구시(實事求是) •

격물치지(格物致知) •

백문불여일견
(百聞不如一見) •

• understanding things to acquire knowledge
지식을 얻기 위해 사물을 이해함

• A picture is worth a thousand words.
천 마디 말보다 한 번 보는 게 낫다.

• seeking truth from facts
사실로부터 진리를 추구함

2 주어진 내용에 맞는 한자 성어를 빈칸에 알맞게 넣으시오. (한글만 작성)

> 실사구시(實事求是) 격물치지(格物致知) 백문불여일견(百聞不如一見)

1. 우리는 실험을 통해 사실을 알아봐요. (   )

→ We find out the facts through experiments.

2. 듣는 것보다 보는 것이 더 잘 이해가 돼요. (   )

→ Seeing it helps me understand better than just hearing about it.

3. 사물을 자세히 살펴보면 더 많은 것을 알 수 있어요. (   )

→ If we look closely at things, we can learn a lot more.

한자어 정답

1

실 (실/열매) — fruit
험 (험/시험) — test
관 (관/볼) — look, examine
察 (찰/살필, 검사할) — research
發 (발/필, 밝힐) — bloom, reveal
見 (견/볼, 알) — see
研 (연/갈) — grind
究 (구/연구할) — see, know

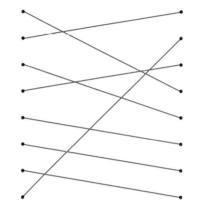

2

실험(實驗) : 실(實) + 험(驗) = 실험 (experiment)

관찰(觀察) : 관(觀) + 찰(察) = 관찰 (observation)

발견(發見) : 발(發) + 견(見) = 발견 (discovery)

연구(研究) : 연(研) + 구(究) = 연구 (research)

한자 성어 정답

1

실사구시(實事求是)

격물치지(格物致知)

백문불여일견
(百聞不如一見)

understanding things to acquire knowledge
지식을 얻기 위해 사물을 이해함

A picture is worth a thousand words.
천 마디 말보다 한 번 보는 게 낫다.

seeking truth from facts
사실로부터 진리를 추구함

2 1. 실사구시   2. 백문불여일견   3. 격물치지

10 미술(Art)

미술(美術)이란 감정과 생각을 표현하는 창조적인 활동이에요. 미술은 그림, 조각, 디자인 등 다양한 형태로 나타날 수 있으며, 사람들은 이를 통해 자신의 이야기를 전하고 소통할 수 있어요. 미술은 개인의 상상력과 창의성을 활용하는 하나의 방법이며, 다양한 재료와 기법을 사용하여 아름다움을 만들어 낼 수 있지요. 우리 생활에 색과 활력을 더해 주는 분야가 바로 미술이에요.

[**관련 한자어**]

색채(色彩) 구도(構圖) 조형(造形) 명암(明暗)

[**관련 한자 성어**]

화룡점정(畫龍點睛) 금상첨화(錦上添花) 자화자찬(自畫自讚)

한자어 학습

1 주어진 한자어와 영어 단어를 알맞게 연결하시오.

한자어 (음/뜻)	영어 단어

色 (색/빛)   •   •   color

彩 (채/채색)   •   •   picture

構 (구/얽을)   •   •   dark

圖 (도/그림)   •   •   make

造 (조/지을)   •   •   bright

形 (형/모양)   •   •   light

明 (명/밝을)   •   •   interwind

暗 (암/어두울)   •   •   shape

※ 얽다 : 노끈이나 줄 따위로 이리저리 걸다.

2 한자와 뜻이 같도록 빈칸에 알맞은 주어진 영단어를 넣으시오.

> light and shade   molding   color   composition

색채(色彩) : 색(色) + 채(彩) = 색채 (   )

구도(構圖) : 구(構) + 도(圖) = 구도 (   )

조형(造形) : 조(造) + 형(形) = 조형 (   )

명암(明暗) : 명(明) + 암(暗) = 명암 (   )

한자 성어 학습

1 주어진 한자 성어와 영어(우리말) 설명이 맞도록 연결하시오.

한자 성어	영어(우리말) 설명

화룡점정(畫龍點睛) •

금상첨화(錦上添花) •

자화자찬(自畫自讚) •

• adding beauty to beauty
  아름다움에 아름다움을 더함

• self-praise or boasting
  스스로 칭찬 또는 자랑

• adding the finishing touch
  마무리의 멋을 더함

2 주어진 내용에 맞는 한자 성어를 빈칸에 알맞게 넣으시오. (한글만 작성)

화룡점정(畫龍點睛)　　금상첨화(錦上添花)　　자화자찬(自畫自讚)

1. 그는 항상 스스로 그의 그림 실력을 칭찬한다. (　　　　　　　　)

→ He always praises his painting skills by himself.

2. 디저트가 저녁 식사를 완벽히 마무리했다. (　　　　　　　　)

→ The dessert perfectly completed the dinner.

3. 내가 친구의 그림에 액자를 만들어 주었더니, 더 특별해졌어요. (　　　　　　　　)

→ I made a frame for my friend's picture, making it more special.

한자어 정답

1

色 (색/빛)　　　　　　　　　　　　color

彩 (채/채색)　　　　　　　　　　　picture

構 (구/얽을)　　　　　　　　　　　dark

圖 (도/그림)　　　　　　　　　　　make

造 (조/지을)　　　　　　　　　　　bright

形 (형/모양)　　　　　　　　　　　light

明 (명/밝을)　　　　　　　　　　　interwind

暗 (암/어두울)　　　　　　　　　　shape

2　색채(色彩) : 색(色) + 채(彩) = 색채 (color)

구도(構圖) : 구(構) + 도(圖) = 구도 (composition)

조형(造形) : 조(造) + 형(形) = 조형 (molding)

명암(明暗) : 명(明) + 암(暗) = 명암 (light and shade)

한자 성어 정답

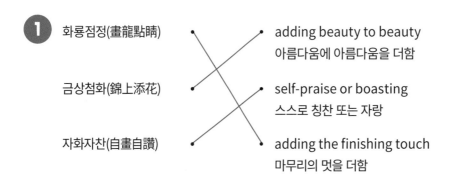

1

화룡점정(畫龍點睛)　　　　adding beauty to beauty
　　　　　　　　　　　　　아름다움에 아름다움을 더함

금상첨화(錦上添花)　　　　self-praise or boasting
　　　　　　　　　　　　　스스로 칭찬 또는 자랑

자화자찬(自畫自讚)　　　　adding the finishing touch
　　　　　　　　　　　　　마무리의 멋을 더함

2　1. 자화자찬　　2. 화룡점정　　3. 금상첨화

11 숫자(Number)

숫자(數)란 수를 나타내는 기호로, 양이나 순서를 표현하는 데 사용해요. 숫자는 일상생활에서 많이 사용되며, 계산, 측정, 시간, 나이 등 다양한 상황에서 중요한 역할을 해요. 숫자는 우리가 세상을 이해하고 소통하는 데 필요한 기본적인 도구예요. 숫자는 친구와 함께 계산 문제를 풀거나 게임에서 점수를 매기는 등 다양한 방법으로 활용할 수 있어요.

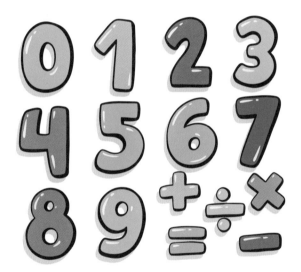

[관련 한자어]

단위(單位) 비례(比例) 평균(平均) 분수(分數)

[관련 한자 성어]

천편일률(千篇一律) 삼삼오오(三三五五) 십시일반(十匙一飯)

한자어 학습

1 주어진 한자어와 영어 단어를 알맞게 연결하시오.

한자어 (음/뜻)	영어 단어

單 (단/홑) •   • position

位 (위/자리) •   • count

比 (비/견줄) •   • divide

例 (례/법식) •   • compare

平 (평/평평할) •   • flat

均 (균/고를) •   • law

分 (분/나눌) •   • even

數 (수/셈) •   • one

※ 견주다 : 둘 이상의 사물이 어떠한 차이가 있는지 알기 위하여 서로 대어 보다.
※ 고르다 : 여럿이 다 높낮이, 크기, 양 따위의 차이가 없이 한결같다.

2 한자와 뜻이 같도록 빈칸에 알맞은 주어진 영단어를 넣으시오.

> average   unit   fraction   proportion

단위(單位) : 단(單) + 위(位) = 단위 (   )

비례(比例) : 비(比) + 례(例) = 비례 (   )

평균(平均) : 평(平) + 균(均) = 평균 (   )

분수(分數) : 분(分) + 수(數) = 분수 (   )

한자 성어 학습

1 주어진 한자 성어와 영어(우리말) 설명이 맞도록 연결하시오.

한자 성어	영어(우리말) 설명

천편일률(千篇一律) •

• the same or monotonous
같거나 단조로운

삼삼오오(三三五五) •

• The more hands, the easier the work.
더 많은 사람이 있으면, 일이 더 쉬워진다.

십시일반(十匙一飯) •

• gathering in small groups
작은 그룹으로 모임

2 주어진 내용에 맞는 한자 성어를 빈칸에 알맞게 넣으시오. (한글만 작성)

> 천편일률(千篇一律)　삼삼오오(三三五五)　십시일반(十匙一飯)

1. 몇몇 친구들이 모여서 놀았어요. (　　　　　　)

→ Some friends gathered and played.

2. 친구들이 조금씩 돈을 모아 수지의 생일 선물을 샀어요. (　　　　　　)

→ The friends put together their money to buy Suji a birthday gift.

3. 매일 같은 방법으로 공부하는 건 지루해요. (　　　　　　)

→ Studying the same way every day is boring.

한자어 정답

1

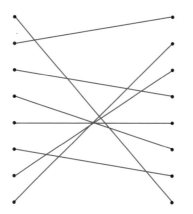

單 (단/홑) —————————— position
位 (위/자리) —————————— count
比 (비/견줄) —————————— divide
例 (례/법식) —————————— compare
平 (평/평평할) ————————— flat
均 (균/고를) —————————— law
分 (분/나눌) —————————— even
數 (수/셈) ——————————— one

2 단위(單位) : 단(單) + 위(位) = 단위 (unit)

비례(比例) : 비(比) + 례(例) = 비례 (proportion)

평균(平均) : 평(平) + 균(均) = 평균 (average)

분수(分數) : 분(分) + 수(數) = 분수 (fraction)

한자 성어 정답

1

천편일률(千篇一律) •————————• the same or monotonous.
　　　　　　　　　　　　　　같거나 단조로운

삼삼오오(三三五五) •　　　　　　• The more hands, the easier the work.
　　　　　　　　　　　　　　　더 많은 사람이 있으면, 일이 더 쉬워진다.

십시일반(十匙一飯) •　　　　　　• gathering in small groups
　　　　　　　　　　　　　　작은 그룹으로 모임

2　1. 삼삼오오　　2. 십시일반　　3. 천편일률

12 색깔(Color)

색깔(色)이란 물체가 빛을 받아 나타내는 다양한 빛깔을 말해요. 색깔은 빨강, 파랑, 노랑처럼 기본적인 색도 있고, 이 색들이 섞여서 만들어지는 보라, 초록 같은 색도 있어요. 우리 주변의 모든 것에는 각기 다른 색깔이 있어요. 색깔은 사람들에게 여러 감정을 느끼게 하기도 하고, 아름다움을 더해 주기도 해요.

[관련 한자어]

채도(彩度)   명도(明度)   대비(對比)   원색(原色)

[관련 한자 성어]

각양각색(各樣各色)   오색찬란(五色燦爛)   흑백논리(黑白論理)

한자어 학습

1 주어진 한자어와 영어 단어를 알맞게 연결하시오.

한자어 (음/뜻)		영어 단어
彩 (채/채색)	•	• bright
度 (도/법도, 정도)	•	• root
明 (명/밝을)	•	• color
對 (대/대할)	•	• compare
比 (비/견줄)	•	• custorm, degree
原 (원/근원)	•	• light
色 (색/빛)	•	• face

※ 법도 : 생활상의 예법과 제도(制度)를 아울러 이르는 말
※ 대하다 : 마주 향하여 있다.

2 한자와 뜻이 같도록 빈칸에 알맞은 주어진 영단어를 넣으시오.

brightness   primary color   chroma   contrast

채도(彩度) : 채(彩) + 도(度) = 채도 (   )

명도(明度) : 명(明) + 도(度) = 명도 (   )

대비(對比) : 대(對) + 비(比) = 대비 (   )

원색(原色) : 원(原) + 색(色) = 원색 (   )

한자 성어 학습

1 주어진 한자 성어와 영어(우리말) 설명이 맞도록 연결하시오.

|한자 성어| |영어(우리말) 설명|

각양각색(各樣各色) •

• shinning brilliantly in many colors
다양한 색으로 찬란하게 빛남

오색찬란(五色燦爛) •

• seeing things in black and white
모든 것을 흑백으로만 봄

흑백논리(黑白論理) •

• various different shapes and colors
다양하고 각기 다른 모양과 색깔

2 주어진 내용에 맞는 한자 성어를 빈칸에 알맞게 넣으시오. (한글만 작성)

각양각색(各樣各色)   오색찬란(五色燦爛)   흑백논리(黑白論理)

1. 몇몇 사람들은 모든 일을 옳거나 틀린 것으로만 생각해요. (   )

→ Some people see everything only as right or wrong.

2. 다양한 사람들과 대화하는 것은 항상 흥미로워요. (   )

→ Talking to a variety of people is always interesting.

3. 무지개가 하늘을 가득 채워 정말 아름다웠어요. (   )

→ The rainbow filled the sky, and it was truly beautiful.

한자어 정답

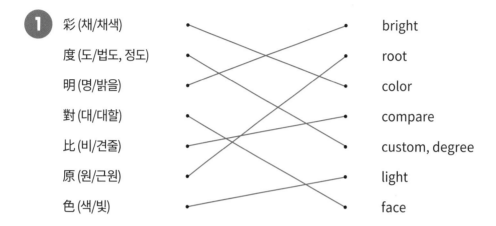

①

彩 (채/채색)   bright
度 (도/법도, 정도)   root
明 (명/밝을)   color
對 (대/대할)   compare
比 (비/견줄)   custom, degree
原 (원/근원)   light
色 (색/빛)   face

②   채도(彩度) : 채(彩) + 도(度) = 채도 (chroma)

명도(明度) : 명(明) + 도(度) = 명도 (brightness)

대비(對比) : 대(對) + 비(比) = 대비 (contrast)

원색(原色) : 원(原) + 색(色) = 원색 (primary color)

한자 성어 정답

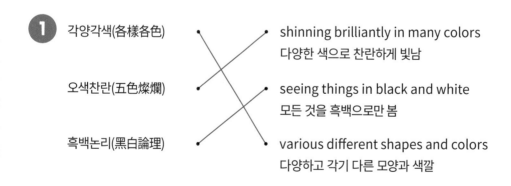

①

각양각색(各樣各色)   shinning brilliantly in many colors
다양한 색으로 찬란하게 빛남

오색찬란(五色燦爛)   seeing things in black and white
모든 것을 흑백으로만 봄

흑백논리(黑白論理)   various different shapes and colors
다양하고 각기 다른 모양과 색깔

②   1. 흑백논리   2. 각양각색   3. 오색찬란

13 시간(Time)

시간(時間)이란 모든 일이 일어나고 변하는 과정을 나타내는 개념이에요. 시간은 우리가 하루를 계획하거나 과거와 현재, 미래를 구분하는 데 사용돼요. 아침, 점심, 저녁처럼 하루를 나누기도 하고, 일주일, 한 달, 일 년처럼 긴 기간으로도 나눌 수 있어요. 시간은 멈추지 않고 항상 흘러가며, 우리가 성장하고 배우는 과정에서도 중요한 역할을 해요. 시간을 잘 관리하면 원하는 목표에 더 가까워질 수 있어요.

[관련 한자어]

기한(期限)   당일(當日)   임박(臨迫)   지속(持續)

[관련 한자 성어]

일촉즉발(一觸卽發)   시시각각(時時刻刻)   시종일관(始終一貫)

한자어 학습

1 주어진 한자어와 영어 단어를 알맞게 연결하시오.

한자어 (음/뜻)		영어 단어
期 (기/기약할)	•	• suitable
限 (한/한할)	•	• have
當 (당/마땅)	•	• limit
日 (일/날)	•	• continue
臨 (임/임할)	•	• persecute, confront
迫 (박/핍박할, 닥칠)	•	• promise
持 (지/가질)	•	• day
續 (속/이을)	•	• engage

※ 마땅하다 : 행동이나 대상 따위가 일정한 조건에 어울리게 알맞다.
※ 핍박하다 : 바싹 죄어서 몹시 괴롭게 굴다.

2 한자와 뜻이 같도록 빈칸에 알맞은 주어진 영단어를 넣으시오.

> the day   last   impendence   deadline

기한(期限) : 기(期) + 한(限) = 기한 (　　　　　)

당일(當日) : 당(當) + 일(日) = 당일 (　　　　　)

임박(臨迫) : 임(臨) + 박(迫) = 임박 (　　　　　)

지속(持續) : 지(持) + 속(續) = 지속 (　　　　　)

한자 성어 학습

1 주어진 한자 성어와 영어(우리말) 설명이 맞도록 연결하시오.

한자 성어	영어(우리말) 설명

일촉즉발(一觸卽發)   •
• steady and unchanging from beginning to end
처음부터 끝까지 한결같은

시시각각(時時刻刻)   •
• a touch-and-go situation
아슬아슬한 상황

시종일관(始終一貫)   •
• every moment
매 순간

2 주어진 내용에 맞는 한자 성어를 빈칸에 알맞게 넣으시오. (한글만 작성)

일촉즉발(一觸卽發)　시시각각(時時刻刻)　시종일관(始終一貫)

1. 날씨가 매 순간 변해서 무엇을 입어야 할지 모르겠어요. (　　　　　　　)
→ The weather keeps changing every moment, and I don't know what to wear.

2. 경기가 끝나기 직전, 긴장감이 최고조였어요. (　　　　　　　)
→ Right before the game ended, the tension was at its peak.

3. 민수는 처음부터 끝까지 변치 않고 친구를 도와주었어요. (　　　　　　　)
→ Min-su helped his friend consistently from start to finish.

한자어 정답

①

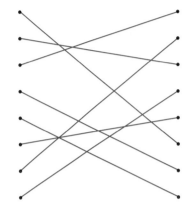

期 (기/기약할)   suitable

限 (한/한할)   have

當 (당/마땅)   limit

日 (일/날)   continue

臨 (임/임할)   persecute, confront

迫 (박/핍박할, 닥칠)   promise

持 (지/가질)   day

續 (속/이을)   engage

② 기한(期限) : 기(期) + 한(限) = 기한 (deadline)

당일(當日) : 당(當) + 일(日) = 당일 (the day)

임박(臨迫) : 임(臨) + 박(迫) = 임박 (impendence)

지속(持續) : 지(持) + 속(續) = 지속 (last)

한자 성어 정답

①

일촉즉발(一觸卽發)   steady and unchanging from beginning to end
처음부터 끝까지 한결같은

시시각각(時時刻刻)   a touch-and-go situation
아슬아슬한 상황

시종일관(始終一貫)   every moment
매 순간

② 1. 시시각각   2. 일촉즉발   3. 시종일관

14 날씨(Weather)

날씨(晛)란 하늘과 공기의 상태를 말해요. 날씨는 맑거나 흐리거나 비가 올 수도 있고, 바람이 불거나 눈이 내릴 때도 있어요. 날씨는 매일매일 변하며, 우리가 입는 옷이나 하는 활동에 큰 영향을 줘요. 예를 들어, 맑은 날에는 밖에서 놀 수 있지만, 비가 오면 우산을 쓰고 외출해야 해요. 날씨는 중요해서, 우리는 날씨 예보를 보고 그날의 계획을 세우기도 해요.

[관련 한자어]

기후(氣候)   습도(濕度)   강수(降水)   청명(晴明)

[관련 한자 성어]

우로지택(雨露之澤)   우후죽순(雨後竹筍)   이열치열(以熱治熱)

한자어 학습

1 주어진 한자어와 영어 단어를 알맞게 연결하시오.

한자어 (음/뜻)	영어 단어

氣 (기/기운, 날씨) •   • custom, degree

候 (후/기후) •   • climate

濕 (습/젖을) •   • water

度 (도/법도, 정도) •   • energy, weather

降 (강/내릴) •   • bright

水 (수/물) •   • wet

淸 (청/맑을) •   • fall

明 (명/밝을) •   • clear

2 한자와 뜻이 같도록 빈칸에 알맞은 주어진 영단어를 넣으시오.

climate   clear weather   humidity   precipitation

기후(氣候) : 기(氣) + 후(候) = 기후 (   )

습도(濕度) : 습(濕) + 도(度) = 습도 (   )

강수(降水) : 강(降) + 수(水) = 강수 (   )

청명(淸明) : 청(淸) + 명(明) = 청명 (   )

한자 성어 학습

1 주어진 한자 성어와 영어(우리말) 설명이 맞도록 연결하시오.

한자 성어	영어(우리말) 설명

우로지택(雨露之澤) •

우후죽순(雨後竹筍) •

이열치열(以熱治熱) •

• springing up like bamboo shoots after the rain
비 온 뒤 대나무 순처럼 갑자기 생겨남

• treating the problem, like fighting heat with heat
열은 열로 다스리듯 같은 방법으로 문제를 다룸

• the vast and generous benevolence of a king
왕의 넓고 자비로운 은혜

2 주어진 내용에 맞는 한자 성어를 빈칸에 알맞게 넣으시오. (한글만 작성)

우로지택(雨露之澤)　　우후죽순(雨後竹筍)　　이열치열(以熱治熱)

1. 건강을 유지하기 위해 더운 날에 뜨거운 국물을 먹어야 해요. (　　　　　　　)

→ You should eat hot soup on hot days to stay healthy.

2. 요거트 아이스크림이 유행하면서 가게들이 많이 생겼어요. (　　　　　　　)

→ Many stores opened as yogurt ice cream became popular.

3. 왕의 은혜 덕분에, 이번 해는 풍년이에요. (　　　　　　　)

→ Thanks to the king's grace, this year is a bountiful harvest.

한자어 정답

1

氣 (기/기운, 날씨)	custom, degree
候 (후/기후)	climate
濕 (습/젖을)	water
度 (도/법도, 정도)	energy, weather
降 (강/내릴)	bright
水 (수/물)	wet
淸 (청/맑을)	fall
明 (명/밝을)	clear

2 기후(氣候): 기(氣) + 후(候) = 기후 (climate)

습도(濕度): 습(濕) + 도(度) = 습도 (humidity)

강수(降水): 강(降) + 수(水) = 강수 (precipitation)

청명(淸明): 청(淸) + 명(明) = 청명 (clear weather)

한자 성어 정답

1

우로지택(雨露之澤)	springing up like bamboo shoots after the rain 비 온 뒤 대나무 순처럼 갑자기 생겨남
우후죽순(雨後竹筍)	treating the problem, like fighting heat with heat 열은 열로 다스리듯 같은 방법으로 문제를 다룸
이열치열(以熱治熱)	the vast and generous benevolence of a king 왕의 넓고 자비로운 은혜

2 1. 이열치열　2. 우후죽순　3. 우로지택

15 도구(Tool)

도구(道具)란 우리가 일을 더 쉽게 하고, 효율적으로 할 수 있게 도와주는 물건을 말해요. 도구는 아주 간단한 것부터 복잡한 기계까지 여러 가지가 있어요. 예를 들어, 가위나 연필 같은 작은 도구도 있고, 자동차, 기계와 같은 큰 도구도 있어요. 도구는 우리가 일상생활에서 무언가를 만들거나 고치고, 또 배우는 데 중요한 역할을 해요. 적절한 도구를 사용하면 더 빠르고 쉽게 목표를 이룰 수 있어요.

[관련 한자어]

연장(鍊粧)   기계(機械)   부품(部品)   설비(設備)

[관련 한자 성어]

일석이조(一石二鳥)   유비무환(有備無患)   무용지물(無用之物)

한자어 학습

1 주어진 한자어와 영어 단어를 알맞게 연결하시오.

한자어 (음/뜻)	영어 단어

鍊 (연/불릴) •   • loom

粧 (장/단장할) •   • have, lead

機 (기/틀) •   • decorate

械 (계/기계) •   • offer, set up

部 (부/거느릴, 통솔할) •   • temper

品 (품/물건) •   • equip

設 (설/베풀, 세울) •   • thing

備 (비/갖출) •   • machine

※ 불리다 : 성질이나 모양 따위를 바꾸려고 쇠를 불에 달구어 무르게 하다.
※ 틀(베틀) : 삼베, 무명, 명주 따위의 피륙을 짜는 틀

2 한자와 뜻이 같도록 빈칸에 알맞은 주어진 영단어를 넣으시오.

component   tool   machine   facilities

연장(鍊粧) : 연(鍊) + 장(粧) = 연장 (   )

기계(機械) : 기(機) + 계(械) = 기계 (   )

부품(部品) : 부(部) + 품(品) = 부품 (   )

설비(設備) : 설(設) + 비(備) = 설비 (   )

한자 성어 학습

1 주어진 한자 성어와 영어(우리말) 설명이 맞도록 연결하시오.

한자 성어	영어(우리말) 설명

일석이조(一石二鳥) •

유비무환(有備無患) •

무용지물(無用之物) •

• a useless thing
  쓸모없는 물건

• Prevention is better than cure.
  예방이 치료보다 낫다.

• killing two birds with one stone
  돌 한 개를 던져 새 두 마리를 잡음

2 주어진 내용에 맞는 한자 성어를 빈칸에 알맞게 넣으시오. (한글만 작성)

일석이조(一石二鳥)　유비무환(有備無患)　무용지물(無用之物)

1. 책상이 너무 커서 우리 방에서는 전혀 쓰지 못했어요. (　　　　　　)

→ The desk was so big that we couldn't use it at all in our room.

2. 운동도 하고 친구도 만나니 정말 좋았어요. (　　　　　　)

→ It was great to exercise and meet my friend at the same time.

3. 비를 피하기 위해 우산을 가져갔어요. (　　　　　　)

→ I brought my umbrella to avoid the rain.

한자어 정답

1

錬 (연/불릴)	—	temper
粧 (장/단장할)	—	decorate
機 (기/틀)	—	loom
械 (계/기계)	—	machine
部 (부/거느릴, 통솔할)	—	have, lead
品 (품/물건)	—	thing
設 (설/베풀, 세울)	—	offer, set up
備 (비/갖출)	—	equip

2

연장(延長) : 연(延) + 장(長) = 연장 (tool)

기계(機械) : 기(機) + 계(械) = 기계 (machine)

부품(部品) : 부(部) + 품(品) = 부품 (component)

설비(設備) : 설(設) + 비(備) = 설비 (facilities)

한자 성어 정답

1

일석이조(一石二鳥) — killing two birds with one stone
돌 한 개를 던져 새 두 마리를 잡음

유비무환(有備無患) — Prevention is better than cure.
예방이 치료보다 낫다.

무용지물(無用之物) — a useless thing
쓸모없는 물건

2 1. 무용지물   2. 일석이조   3. 유비무환

16 자연(Nature)

자연(自然)이란 우리가 사는 세상과 그 안에 있는 모든 것을 말해요. 자연에는 나무, 꽃, 동물, 그리고 하늘과 바다 같은 것들이 포함돼요. 자연은 우리 주변에 항상 있고, 우리는 자연에서 산책하거나 놀며 많은 것을 배울 수 있어요. 자연은 우리에게 신선한 공기와 물을 주고, 계절이 바뀔 때마다 새로운 모습을 보여줘요. 자연과 함께하면 마음이 편안해지고 기분도 좋아져요.

[관련 한자어]

지질(地質)   생태(生態)   광물(鑛物)   대기(大氣)

[관련 한자 성어]

청산유수(靑山流水)   일목요연(一目瞭然)   삼라만상(森羅萬象)

한자어 학습

1 주어진 한자어와 영어 단어를 알맞게 연결하시오.

한자어 (음/뜻)	영어 단어

地 (지/땅) •   • essence

質 (질/바탕) •   • ore

生 (생/날) •   • form

態 (태/모습) •   • born

鑛 (광/쇳돌) •   • energy, air

物 (물/물건) •   • land

大 (대/클) •   • thing

氣 (기/기운, 기체) •   • big

※ 바탕 : 사물이나 현상의 근본을 이루는 것

2 한자와 뜻이 같도록 빈칸에 알맞은 주어진 영단어를 넣으시오.

> atmosphere   mineral   ecology   geology

지질(地質) : 지(地) + 질(質) = 지질 (   )

생태(生態) : 생(生) + 태(態) = 생태 (   )

광물(鑛物) : 광(鑛) + 물(物) = 광물 (   )

대기(大氣) : 대(大) + 기(氣) = 대기 (   )

한자 성어 학습

1 주어진 한자 성어와 영어(우리말) 설명이 맞도록 연결하시오.

한자 성어   영어(우리말) 설명

청산유수(靑山流水)   •

         • all things in the universe
           세상에 존재하는 모든 것들

일목요연(一目瞭然)   •

         • speaking smoothly, like flowing water
           흐르는 물처럼 말을 막힘없이 잘함

삼라만상(森羅萬象)   •

         • It is so clear and obvious that one can understand it at a glance.
           한 번 보고 대번에 알 수 있을 만큼 분명하고 뚜렷하다.

2 주어진 내용에 맞는 한자 성어를 빈칸에 알맞게 넣으시오. (한글만 작성)

> 청산유수(靑山流水)   일목요연(一目瞭然)   삼라만상(森羅萬象)

1. 선생님이 매우 분명하게 설명해 주셔서 나는 바로 이해되었어요. (   )

→ The teacher explained so clearly that I understood it right away.

2. 민수는 실수 없이 매끄럽게 발표를 했어요! (   )

→ Minsoo delivered a speech smoothly without any mistakes!

3. 우리는 창문을 통해 동물, 식물, 그리고 모든 것을 볼 수 있어요. (   )

→ We can see animals, plants, and everything else through the window.

한자어 정답

1

地 (지/땅) ——————— land

質 (질/바탕) ——————— essence

生 (생/날) ——————— born

態 (태/모습) ——————— form

鑛 (광/쇳돌) ——————— ore

物 (물/물건) ——————— thing

大 (대/큼) ——————— big

氣 (기/기운, 기체) ——————— energy, air

2

지질(地質) : 지(地) + 질(質) = 지질 (geology)

생태(生態) : 생(生) + 태(態) = 생태 (ecology)

광물(鑛物) : 광(鑛) + 물(物) = 광물 (mineral)

대기(大氣) : 대(大) + 기(氣) = 대기 (atmosphere)

한자 성어 정답

1

청산유수(靑山流水) ——————— all things in the universe
세상에 존재하는 모든 것들

일목요연(一目瞭然) ——————— speaking smoothly, like flowing water
흐르는 물처럼 말을 막힘없이 잘함

삼라만상(森羅萬象) ——————— It is so clear and obvious that one can
understand it at a glance.
한 번 보고 대번에 알 수 있을 만큼 분명하고 뚜렷하다.

2 1. 일목요연   2. 청산유수   3. 삼라만상

17 동물(Animal)

동물(動物)이란 살아있는 생명체로, 우리 주변에서 쉽게 볼 수 있어요. 고양이, 강아지처럼 우리와 가까운 동물도 있고, 사자나 코끼리처럼 야생에서 사는 동물도 있어요. 동물들은 저마다 다른 특징을 가지고 있어서 걷기도 하고, 뛰기도 하며, 날거나 헤엄치는 등 다양한 방식으로 움직여요. 사람들과 함께 살며 도움을 주는 동물도 있지만, 자연 속에서 스스로 살아가는 동물도 있어요.

[관련 한자어]

번식(繁殖)   멸종(滅種)   서식(棲息)   야생(野生)

[관련 한자 성어]

우이독경(牛耳讀經)   교각살우(矯角殺牛)   호가호위(狐假虎威)

한자어 학습

1 주어진 한자어와 영어 단어를 알맞게 연결하시오.

한자어 (음/뜻)		영어 단어
繁 (번/번성할)	•	• increase
殖 (식/불릴)	•	• nest
滅 (멸/다할)	•	• breathe
種 (종/씨)	•	• flourish
棲 (서/깃들일)	•	• end
息 (식/쉴)	•	• born
野 (야/들)	•	• seed
生 (생/날)	•	• field

※ 깃들이다 : 주로 조류가 보금자리를 만들어 그 속에 들어 살다.

2 한자와 뜻이 같도록 빈칸에 알맞은 주어진 영단어를 넣으시오.

> reproduction   wild   habitat   extinction

번식(繁殖) : 번(繁) + 식(殖) = 번식 (   )

멸종(滅種) : 멸(滅) + 종(種) = 멸종 (   )

서식(棲息) : 서(棲) + 식(息) = 서식 (   )

야생(野生) : 야(野) + 생(生) = 야생 (   )

한자 성어 학습

1 주어진 한자 성어와 영어(우리말) 설명이 맞도록 연결하시오.

한자 성어	영어(우리말) 설명

우이독경(牛耳讀經) •

교각살우(矯角殺牛) •

호가호위(狐假虎威) •

• borrowing authority from a stronger force
다른 이의 힘을 빌려 허세를 부림

• talking to someone who won't listen
듣지 않는 사람에게 말함

• correcting a small fault and ruining everything
작은 잘못을 고치려다 큰일을 망침

2 주어진 내용에 맞는 한자 성어를 빈칸에 알맞게 넣으시오. (한글만 작성)

우이독경(牛耳讀經)　교각살우(矯角殺牛)　호가호위(狐假虎威)

1. 컴퓨터 속도가 느려서 고치다가 아예 고장 내버렸어요. (　　　　　)

→ I tried to fix my slow computer, but ended up breaking it completely.

2. 내 친구는 형의 명성을 이용해 다른 사람들 앞에서 과시했어요. (　　　　　)

→ My friend showed off in front of others using his brother's reputation.

3. 엄마가 잔소리 하지만, 아이는 듣지 않고 게임만 하고 있어요. (　　　　　)

→ Mom nags, but the child only plays games without listening.

한자어 정답

1

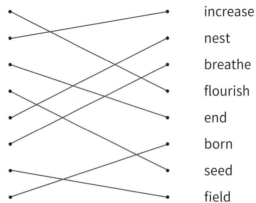

繁 (번/번성할) — flourish
殖 (식/불릴) — increase
滅 (멸/다할) — end
種 (종/씨) — seed
棲 (서/깃들일) — nest
息 (식/쉴) — breathe
野 (야/들) — field
生 (생/날) — born

2 번식(繁殖) : 번(繁) + 식(殖) = 번식 (reproduction)

멸종(滅種) : 멸(滅) + 종(種) = 멸종 (extinction)

서식(棲息) : 서(棲) + 식(息) = 서식 (habitat)

야생(野生) : 야(野) + 생(生) = 야생 (wild)

한자 성어 정답

1

우이독경(牛耳讀經) — correcting a small fault and ruining everything
작은 잘못을 고치려다 큰 일을 망침

교각살우(矯角殺牛) — talking to someone who won't listen
듣지 않는 사람에게 말함

호가호위(狐假虎威) — borrowing authority from a stronger force
다른 이의 힘을 빌려 허세를 부림

2 1. 교각살우   2. 호가호위   3. 우이독경

18 식물(Plant)

식물(植物)이란 땅에 뿌리를 내리고 자라는 생명체를 말해요. 식물은 나무, 꽃, 풀처럼 우리 주변에서 쉽게 볼 수 있어요. 식물은 햇빛과 물을 받아 자라며, 우리에게 신선한 공기와 먹을거리를 제공해 줘요. 식물들은 저마다 다른 크기와 모양을 가지고 있고, 그중에는 사계절 내내 푸른 나무도 있고, 계절마다 꽃을 피우는 식물도 있어요. 식물을 키우거나 산책하며 식물과 함께 시간을 보낼 수 있고, 식물을 돌보며 마음의 평화를 느낄 수 있어요.

[관련 한자어]

수목(樹木)   온실(溫室)   조경(造景)   원예(園藝)

[관련 한자 성어]

상전벽해(桑田碧海)   연목구어(緣木求魚)   파죽지세(破竹之勢)

한자어 학습

1 주어진 한자어와 영어 단어를 알맞게 연결하시오.

한자어 (음/뜻)	영어 단어

樹 (수/나무, 심을)　•　　　　•　warm

木 (목/나무)　•　　　　•　sunlight

溫 (온/따뜻할)　•　　　　•　tree

室 (실/집)　•　　　　•　make

造 (조/만들)　•　　　　•　hill

景 (경/볕)　•　　　　•　tree, plant

園 (원/동산)　•　　　　•　talent

藝 (예/재주)　•　　　　•　house

2 한자와 뜻이 같도록 빈칸에 알맞은 주어진 영단어를 넣으시오.

> greenhouse　gardening　landscaping　trees

수목(樹木) : 수(樹) + 목(木) = 수목 (　　　　　　　)

온실(溫室) : 온(溫) + 실(室) = 온실 (　　　　　　　)

조경(造景) : 조(造) + 경(景) = 조경 (　　　　　　　)

원예(園藝) : 원(園) + 예(藝) = 원예 (　　　　　　　)

한자 성어 학습

1 주어진 한자 성어와 영어(우리말) 설명이 맞도록 연결하시오.

한자 성어	영어(우리말) 설명

상전벽해(桑田碧海) •

연목구어(緣木求魚) •

파죽지세(破竹之勢) •

• seeking the impossible
불가능한 것을 추구함

• a drastic change
급격한 변화

• unstoppable momentum like splitting bamboo
대나무를 쪼개듯 멈출 수 없는 추진력

2 주어진 내용에 맞는 한자 성어를 빈칸에 알맞게 넣으시오. (한글만 작성)

상전벽해(桑田碧海)　　연목구어(緣木求魚)　　파죽지세(破竹之勢)

1. 영어 단어를 외우지 않고 시험을 잘 보려고 하는 것은 불가능해요. (　　　　　　　　)

→ Trying to do well on a test without memorizing English words is impossible.

2. 오랜만에 가 본 동네가 완전히 변해버렸어요. (　　　　　　　　)

→ The neighborhood I visited after a long time had completely changed.

3. 우리 팀이 막힘없이 연승을 거두고 있어요! (　　　　　　　　)

→ Our team is winning continuously without any obstacles!

한자어 정답

1

樹 (수/나무, 심을)

木 (목/나무)

溫 (온/따뜻할)

室 (실/집)

造 (조/만들)

景 (경/볕)

園 (원/동산)

藝 (예/재주)

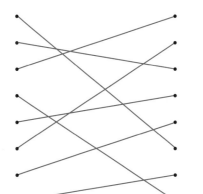

warm

sunlight

tree

make

hill

tree, plant

talent

house

2 수목(樹木) : 수(樹) + 목(木) = 수목 (trees)

온실(溫室) : 온(溫) + 실(室) = 온실 (greenhouse)

조경(造景) : 조(造) + 경(景) = 조경 (landscaping)

원예(園藝) : 원(園) + 예(藝) = 원예 (gardening)

한자 성어 정답

1

상전벽해(桑田碧海)

연목구어(緣木求魚)

파죽지세(破竹之勢)

seeking the impossible
불가능한 것을 추구함

a drastic change
급격한 변화

unstoppable momentum like splitting bamboo
대나무를 쪼개듯 멈출 수 없는 추진력

2 1. 연목구어   2. 상전벽해   3. 파죽지세

19 바다(Sea)

바다(海)란 넓고 깊은 물이 모여 있는 곳을 말해요. 바다는 해안가를 따라 펼쳐져 있고, 우리가 가서 놀기도 하고 쉬기도 하는 곳이에요. 바다에서 수영하거나 모래성을 쌓을 수 있고, 배를 타고 항해하며 다양한 생물들을 볼 수 있어요. 바다는 꼭 놀기 위한 장소뿐만 아니라, 물고기와 같은 해산물을 제공해 주기도 하고, 배들이 다니면서 물건을 옮기는 중요한 역할도 해요. 바다를 보면 마음이 시원해지고 기분이 좋아지지요.

[**관련 한자어**]

연안(沿岸) 항해(航海) 조수(潮水) 염수(鹽水)

[**관련 한자 성어**]

수어지교(水魚之交) 일파만파(一波萬波) 인산인해(人山人海)

한자어 학습

1 주어진 한자어와 영어 단어를 알맞게 연결하시오.

한자어 (음/뜻)	영어 단어

沿 (연/물 따라갈) •   • hill

岸 (안/언덕) •   • sea

航 (항/배) •   • water

海 (해/바다) •   • ship

潮 (조/조수) •   • salt

水 (수/물) •   • follow water

鹽 (염/소금) •   • tide

2 한자와 뜻이 같도록 빈칸에 알맞은 주어진 영단어를 넣으시오.

> tide   salty water   navigation   coast

연안(沿岸) : 연(沿) + 안(岸) = 연안 (   )

항해(航海) : 항(航) + 해(海) = 항해 (   )

조수(潮水) : 조(潮) + 수(水) = 조수 (   )

염수(鹽水) : 염(鹽) + 수(水) = 염수 (   )

한자 성어 학습

1 주어진 한자 성어와 영어(우리말) 설명이 맞도록 연결하시오.

한자 성어	영어(우리말) 설명

수어지교(水魚之交) •

일파만파(一波萬波) •

인산인해(人山人海) •

• a huge crowd of people
엄청난 인파

• inseparable relationship, like fish and water
물과 물고기처럼 떨어질 수 없는 관계

• One action leads to many reactions.
하나의 행동이 여러 반응을 일으킨다.

2 주어진 내용에 맞는 한자 성어를 빈칸에 알맞게 넣으시오. (한글만 작성)

> 수어지교(水魚之交)　　일파만파(一波萬波)　　인산인해(人山人海)

1. 운동회에 사람들이 너무 많이 와서 길을 걷기가 힘들었어요. (　　　　　　　)

→ So many people came to the sports day that it was hard to walk.

2. 작은 소문이 퍼져서 반 전체에 영향을 미쳤어요. (　　　　　　)

→ A small rumor spread and affected the whole class.

3. 지수와 현우는 늘 함께 다니는 아주 친한 친구예요. (　　　　　　)

→ Jisoo and Hyunwoo are very close friends who are always together.

한자어 정답

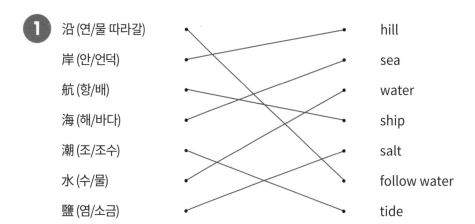

1
- 沿 (연/물 따라갈)
- 岸 (안/언덕)
- 航 (항/배)
- 海 (해/바다)
- 潮 (조/조수)
- 水 (수/물)
- 鹽 (염/소금)

- hill
- sea
- water
- ship
- salt
- follow water
- tide

2
연안(沿岸) : 연(沿) + 안(岸) = 연안 (coast)

항해(航海) : 항(航) + 해(海) = 항해 (navigation)

조수(潮水) : 조(潮) + 수(水) = 조수 (tide)

염수(鹽水) : 염(鹽) + 수(水) = 염수 (salty water)

한자 성어 정답

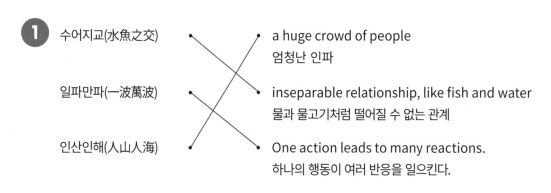

1
- 수어지교(水魚之交)
- 일파만파(一波萬波)
- 인산인해(人山人海)

- a huge crowd of people
  엄청난 인파
- inseparable relationship, like fish and water
  물과 물고기처럼 떨어질 수 없는 관계
- One action leads to many reactions.
  하나의 행동이 여러 반응을 일으킨다.

2 1. 인산인해   2. 일파만파   3. 수어지교

 20 바람(Wind)

바람(風)이란 공기의 움직임을 말해요. 바람은 눈에 보이지 않지만, 나뭇잎을 흔들고 우리의 피부에 닿는 것을 통해 느낄 수 있어요. 바람은 주로 날씨나 지형에 따라 다르게 불어요. 산이나 바다에서 부는 바람은 시원하고, 도시에서는 따뜻하게 느껴질 때도 있어요. 바람은 우리의 일상생활에서 매우 중요한 역할을 하며, 시원함을 주고, 배를 움직이게 하거나 풍차를 돌릴 때 사용되기도 해요.

[관련 한자어]

태풍(颱風)   통풍(通風)   청정(淸淨)   대류(對流)

[관련 한자 성어]

마이동풍(馬耳東風)   풍전등화(風前燈火)   풍비박산(風飛雹散)

한자어 학습

1 주어진 한자어와 영어 단어를 알맞게 연결하시오.

한자어 (음/뜻)	영어 단어

颱 (태/태풍) •   • typhoon

風 (풍/바람) •   • face

通 (통/통할) •   • clear

清 (청/맑을) •   • pass

淨 (정/깨끗할) •   • flow

對 (대/대할) •   • wind

流 (류/흐를) •   • clean

2 한자와 뜻이 같도록 빈칸에 알맞은 주어진 영단어를 넣으시오.

> pristine   convection   ventilation   typhoon

태풍(颱風) : 태(颱) + 풍(風) = 태풍 (   )

통풍(通風) : 통(通) + 풍(風) = 통풍 (   )

청정(清淨) : 청(清) + 정(淨) = 청정 (   )

대류(對流) : 대(對) + 류(流) = 대류 (   )

한자 성어 학습

1 주어진 한자 성어와 영어(우리말) 설명이 맞도록 연결하시오.

한자 성어	영어(우리말) 설명

마이동풍(馬耳東風)　•

풍전등화(風前燈火)　•

풍비박산(風飛雹散)　•

•　a state of instability like a light before the wind
바람 앞의 등불처럼 불안정한 상태

•　a state of total chaos and destruction
완전한 혼란 또는 파괴 상태

•　ignoring advice as if the words fall on deaf ears
마치 들리지 않는 귀에다 말하는 것처럼 조언을 무시함

2 주어진 내용에 맞는 한자 성어를 빈칸에 알맞게 넣으시오. (한글만 작성)

> 마이동풍(馬耳東風)　풍전등화(風前燈火)　풍비박산(風飛雹散)

1. 그 아이가 나무에서 너무 높은 곳을 오르고 있어요. (　　　　　　)

→ The child is climbing too high in the tree.

2. 친구들이 조언했지만 민호는 듣지 않았어요. (　　　　　　)

→ His friends gave advice but Minho didn't listen.

3. 갑작스런 사고로 여행을 모두 망쳐버렸어요. (　　　　　　)

→ A sudden accident ruined the entire trip.

한자어 정답 ~~~~~~~~~~~~~~~~~~~~~~~~~~~~

①

颱 (태/태풍) ────────────── typhoon

風 (풍/바람) ⟋ face

通 (통/통할) clear

淸 (청/맑을) pass

淨 (정/깨끗할) flow

對 (대/대할) wind

流 (류/흐를) clean

②

태풍(颱風) : 태(颱) + 풍(風) = 태풍 (typhoon)

통풍(通風) : 통(通) + 풍(風) = 통풍 (ventilation)

청정(淸淨) : 청(淸) + 정(淨) = 청정 (pristine)

대류(對流) : 대(對) + 류(流) = 대류 (convection)

한자 성어 정답 ~~~~~~~~~~~~~~~~~~~~~~~~~~~~

①

마이동풍(馬耳東風)

a state of instability like a light before the wind
바람 앞의 등불처럼 불안정한 상태

풍전등화(風前燈火)

a state of total chaos and destruction
완전한 혼란 또는 파괴 상태

풍비박산(風飛雹散)

ignoring advice as if the words fall on deaf ears
마치 들리지 않는 귀에다 말하는 것처럼 조언을 무시함

② 1. 풍전등화   2. 마이동풍   3. 풍비박산

21 교통수단(Transportation)

교통수단(交通手段)이란 사람이나 물건을 한 곳에서 다른 곳으로 이동시키는 방법과 이를 위해 사용하는 탈 것을 말해요. 교통수단에는 자동차, 기차, 자전거, 비행기 등이 있어요. 교통은 사람들이 더 쉽게 이동하고, 필요한 물건을 주고받을 수 있도록 도와줘요. 교통수단을 이용하면 가까운 곳뿐만 아니라 멀리 있는 곳까지도 빠르고 편리하게 갈 수 있어요. 교통과 교통수단은 우리의 일상생활에서 매우 중요한 역할을 해요.

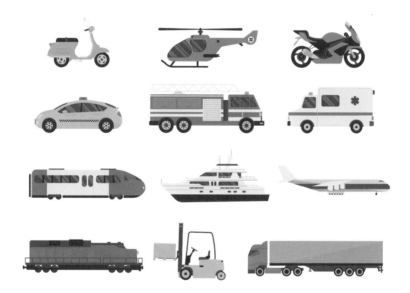

[**관련 한자어**]

운송(運送)   왕복(往復)   항공(航空)   환승(換乘)

[**관련 한자 성어**]

사통팔달(四通八達)   견마지로(犬馬之勞)   진퇴양난(進退兩難)

한자어 학습

1 주어진 한자어와 영어 단어를 알맞게 연결하시오.

한자어 (음/뜻)	영어 단어

運 (운/옮길) •　　　　　　　　　• go

送 (송/보낼) •　　　　　　　　　• recover, return

往 (왕/갈) •　　　　　　　　　• empty, sky

復 (복/회복할, 돌아올) •　　　　• ride

航 (항/배, 건널) •　　　　　　　• move

空 (공/빌, 하늘) •　　　　　　　• ship, cross

換 (환/바꿀) •　　　　　　　　　• send

乘 (승/탈) •　　　　　　　　　　• change

2 한자와 뜻이 같도록 빈칸에 알맞은 주어진 영단어를 넣으시오.

round trip　transportation　transfer　aviation

운송(運送) : 운(運) + 송(送) = 운송 (　　　　　　　)

왕복(往復) : 왕(往) + 복(復) = 왕복 (　　　　　　　)

항공(航空) : 항(航) + 공(空) = 항공 (　　　　　　　)

환승(換乘) : 환(換) + 승(乘) = 환승 (　　　　　　　)

한자 성어 **학습**

1 주어진 한자 성어와 영어(우리말) 설명이 맞도록 연결하시오.

한자 성어	영어(우리말) 설명

사통팔달(四通八達)　·

　·　stuck between two difficult choices
두 가지 어려운 선택 사이에 갇힌

견마지로(犬馬之勞)　·

　·　well-connected and easy to reach
잘 연결되어 있고 접근이 쉬운

진퇴양난(進退兩難)　·

　·　working diligently with loyalty
충성스럽게 열심히 일함

2 주어진 내용에 맞는 한자 성어를 빈칸에 알맞게 넣으시오. (한글만 작성)

> 사통팔달(四通八達)　견마지로(犬馬之勞)　진퇴양난(進退兩難)

1. 민수는 그의 회사를 위해 열심히 일해요. (　　　　　　　)

→ Minsu is working hard for his company.

2. 시험이 어렵고 시간이 부족해요. (　　　　　　　)

→ The test is difficult and time is short.

3. 버스와 지하철이 잘 연결돼서 학교 가기 편해요. (　　　　　　　)

→ The bus and subway are well connected so it is easy to get to school.

한자어 정답

1

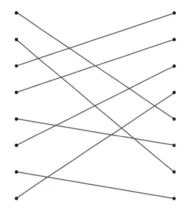

運 (운/옮길) — ride
送 (송/보낼) — move
往 (왕/갈) — send
復 (복/회복할, 돌아올) — go
航 (항/배, 건널) — change
空 (공/빌, 하늘) — recover, return
換 (환/바꿀) — empty, sky
乘 (승/탈) — ship, cross

2 운송(運送) : 운(運) + 송(送) = 운송 (transportation)

왕복(往復) : 왕(往) + 복(復) = 왕복 (round trip)

항공(航空) : 항(航) + 공(空) = 항공 (aviation)

환승(換乘) : 환(換) + 승(乘) = 환승 (transfer)

한자 성어 정답

1

사통팔달(四通八達) — well-connected and easy to reach
잘 연결되어 있고 접근이 쉬운

견마지로(犬馬之勞) — working diligently with loyalty
충성스럽게 열심히 일함

진퇴양난(進退兩難) — stuck between two difficult choices
두 가지 어려운 선택 사이에 갇힌

2 1. 견마지로   2. 진퇴양난   3. 사통팔달

22 여행(Travel)

여행(旅行)이란 새로운 곳을 찾아가서 경험을 쌓고 즐거운 시간을 보내는 것을 말해요. 여행은 가까운 곳으로 가기도 하고, 멀리 있는 나라로 떠나기도 해요. 여행을 통해 우리는 새로운 사람을 만나고, 그곳의 문화를 배우며, 맛있는 음식을 먹을 수 있어요. 가족, 친구와 함께 가기도 하고, 혼자서 떠날 수도 있어요. 여행은 즐거운 추억을 만들고, 우리에게 새로운 경험과 배움을 주는 소중한 시간이 될 수 있지요.

[**관련 한자어**]

관광(觀光)   여정(旅程)   숙소(宿所)   일주(一周)

[**관련 한자 성어**]

일사천리(一瀉千里)   주마간산(走馬看山)   사방팔방(四方八方)

한자어 학습

1 주어진 한자어와 영어 단어를 알맞게 연결하시오.

한자어 (음/뜻)	영어 단어
觀 (관/볼) •	• traveler
光 (광/빛) •	• limit, path
旅 (여/나그네) •	• way, place
程 (정/한도, 길) •	• see
宿 (숙/잘) •	• one
所 (소/바, 곳) •	• sleep
一 (일/하나) •	• all around
周 (주/두루) •	• light

※ 바 : 일의 방법이나 방도

2 한자와 뜻이 같도록 빈칸에 알맞은 주어진 영단어를 넣으시오.

journey   sightseeing   accommodation   trip around

관광(觀光) : 관(觀) + 광(光) = 관광 (   )

여정(旅程) : 여(旅) + 정(程) = 여정 (   )

숙소(宿所) : 숙(宿) + 소(所) = 숙소 (   )

일주(一周) : 일(一) + 주(周) = 일주 (   )

한자 성어 학습

1 주어진 한자 성어와 영어(우리말) 설명이 맞도록 연결하시오.

한자 성어	영어(우리말) 설명

일사천리(一瀉千里) •

주마간산(走馬看山) •

사방팔방(四方八方) •

• progressing swiftly and smoothly like a river
흐르는 강처럼 일이 매우 빠르고 순조롭게 진행됨

• spread in all directions
모든 방향으로 퍼져 있는

• skimming over things while passing by
지나가며 사물을 대충 훑어봄

2 주어진 내용에 맞는 한자 성어를 빈칸에 알맞게 넣으시오. (한글만 작성)

일사천리(一瀉千里)　주마간산(走馬看山)　사방팔방(四方八方)

1. 친구들이 사방으로 흩어져서 찾기 힘들었어요. (　　　　　　　　)

→ It was hard to find my friends because they spread out in all directions.

2. 경주 중에 지나가면서 주위 경치를 잠깐 보았어요. (　　　　　　　　)

→ I glanced at the scenery as I passed by during the race.

3. 할 일을 순서대로 하니 모든 일이 빨리 끝났어요. (　　　　　　　　)

→ Everything was done quickly when I followed the steps.

한자어 정답

1

觀 (관/볼)	traveler
光 (광/빛)	limit, path
旅 (여/나그네)	way, place
程 (정/한도, 길)	see
宿 (숙/잘)	one
所 (소/바, 곳)	sleep
一 (일/하나)	all around
周 (주/두루)	light

2 관광(觀光) : 관(觀) + 광(光) = 관광 (sightseeing)

여정(旅程) : 여(旅) + 정(程) = 여정 (journey)

숙소(宿所) : 숙(宿) + 소(所) = 숙소 (accommodation)

일주(一周) : 일(一) + 주(周) = 일주 (trip around)

한자 성어 정답

1

일사천리(一瀉千里) — progressing swiftly and smoothly like a river
흐르는 강처럼 일이 매우 빠르고 순조롭게 진행됨

주마간산(走馬看山) — spread in all directions
모든 방향으로 퍼져 있는

사방팔방(四方八方) — skimming over things while passing by
지나가며 사물을 대충 훑어봄

2 1. 사방팔방   2. 주마간산   3. 일사천리

23 지도(Map)

지도(地圖)란 우리가 사는 세상이나 어떤 장소를 쉽게 볼 수 있도록 그려 놓은 그림이에요. 지도는 길이나 산, 바다 같은 지형을 표시해 주고, 도시나 나라가 어디에 있는지 알려줘요. 우리는 지도를 보면서 길을 찾고, 여행할 때 가야 할 곳을 미리 알아볼 수 있어요. 지도는 꼭 종이로 된 것뿐만 아니라, 휴대폰이나 컴퓨터에서도 볼 수 있어요. 지도를 보면서 새로운 곳을 찾아갈 수 있지요.

[**관련** 한자어]

지형(地形)   방향(方向)   좌표(座標)   국경(國境)

[**관련** 한자 성어]

우왕좌왕(右往左往)   천방지축(天方地軸)   오리무중(五里霧中)

① 주어진 한자어와 영어 단어를 알맞게 연결하시오.

한자어 (음/뜻)	영어 단어
地 (지/땅) •	• land
形 (형/모양) •	• square, direction
方 (방/모, 방향) •	• position
向 (향/향할) •	• head
座 (좌/자리) •	• boundary
標 (표/우듬지, 나타낼) •	• shape
國 (국/나라) •	• country
境 (경/지경) •	• treetop, show

※ 우듬지 : 나무의 꼭대기 줄기
※ 지경 : 나라나 지역 따위의 구간을 가르는 경계

② 한자와 뜻이 같도록 빈칸에 알맞은 주어진 영단어를 넣으시오.

border   coordinate   topography   direction

지형(地形) : 지(地) + 형(形) = 지형 (   )

방향(方向) : 방(方) + 향(向) = 방향 (   )

좌표(座標) : 좌(座) + 표(標) = 좌표 (   )

국경(國境) : 국(國) + 경(境) = 국경 (   )

한자 성어 학습

1 주어진 한자 성어와 영어(우리말) 설명이 맞도록 연결하시오.

한자 성어	영어(우리말) 설명

우왕좌왕(右往左往) •

천방지축(天方地軸) •

오리무중(五里霧中) •

• completely lost and confused
완전히 길을 잃고 혼란스러운

• running around wildly without control
통제 없이 이리저리 뛰어다님

• going back and forth in a state of confusion
혼란스러운 상태로 왔다갔다 함

2 주어진 내용에 맞는 한자 성어를 빈칸에 알맞게 넣으시오. (한글만 작성)

우왕좌왕(右往左往)　천방지축(天方地軸)　오리무중(五里霧中)

1. 그는 결정을 내리지 못하고 이리 저리 왔다 갔다 했어요. (　　　　　)

→ He kept going back and forth, unable to make a desision.

2. 길을 잃고 어디로 가야 할지 모르겠어요. (　　　　　)

→ I'm lost and don't know where to go.

3. 아이들이 사방으로 마구 뛰어다니며 혼란을 일으키고 있어요. (　　　　　)

→ The kids are running around wildly, causing chaos.

한자어 정답

1

地 (지/땅)	land
形 (형/모양)	square, direction
方 (방/모, 방향)	position
向 (향/향할)	head
座 (좌/자리)	boundary
標 (표/우듬지, 나타낼)	shape
國 (국/나라)	country
境 (경/지경)	treetop, show

2

지형(地形) : 지(地) + 형(形) = 지형 (topography)

방향(方向) : 방(方) + 향(向) = 방향 (direction)

좌표(座標) : 좌(座) + 표(標) = 좌표 (coordinate)

국경(國境) : 국(國) + 경(境) = 국경 (border)

한자 성어 정답

1

우왕좌왕(右往左往)	completely lost and confused 완전히 길을 잃고 혼란스러운
천방지축(天方地軸)	running around wildly without control 통제 없이 이리저리 뛰어다님
오리무중(五里霧中)	going back and forth in a state of confusion 혼란스러운 상태로 왔다갔다 함

2 1. 우왕좌왕   2. 오리무중   3. 천방지축

24 항공(Aviation)

항공(航空)이란 하늘을 날아가면서 사람이나 물건을 한 곳에서 다른 곳으로 옮기는 일을 말해요. 항공을 이용하면 자동차나 기차보다 훨씬 빠르게 먼 곳으로 이동할 수 있어요. 우리는 비행기를 타고 다른 나라로 여행을 가거나, 중요한 물건을 빠르게 보내기 위해 항공을 사용할 수 있어요. 항공은 하늘길을 통해 여러 나라를 연결해 주고, 사람들의 삶을 더 편리하게 만들어 줘요.

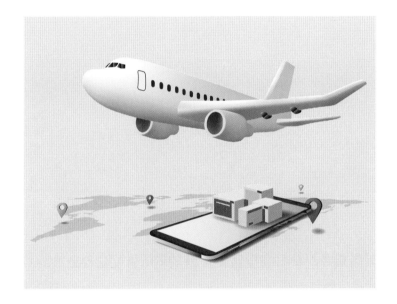

[관련 한자어]

공항(空港)　여객(旅客)　고도(高度)　노선(路線)

[관련 한자 성어]

오비이락(烏飛梨落)　천고마비(天高馬肥)　천신만고(千辛萬苦)

한자어 학습

1 주어진 한자어와 영어 단어를 알맞게 연결하시오.

한자어 (음/뜻)	영어 단어

空 (공/빌, 하늘) •   • traveler

港 (항/항구) •   • high

旅 (여/나그네) •   • port

客 (객/손) •   • line

高 (고/높을) •   • empty, sky

度 (도/법도, 정도) •   • road

路 (노/길) •   • custom, degree

線 (선/줄) •   • guest

2 한자와 뜻이 같도록 빈칸에 알맞은 주어진 영단어를 넣으시오.

passenger airport altitude route

공항(空港) : 공(空) + 항(港) = 공항 (   )

여객(旅客) : 여(旅) + 객(客) = 여객 (   )

고도(高度) : 고(高) + 도(度) = 고도 (   )

노선(路線) : 노(路) + 선(線) = 노선 (   )

한자 성어 학습

① **주어진 한자 성어와 영어(우리말) 설명이 맞도록 연결하시오.**

한자 성어	영어(우리말) 설명

오비이락(烏飛梨落) •

• harvest season that the sky is high and horses get fat
하늘이 높고 말이 살찌는 수확의 계절

천고마비(天高馬肥) •

• Simultaneous events causes suspicion.
동시에 일어난 일이 의심을 일으킨다.

천신만고(千辛萬苦) •

• enduring many hardships
수많은 어려움을 견뎌 냄

② **주어진 내용에 맞는 한자 성어를 빈칸에 알맞게 넣으시오. (한글만 작성)**

> 오비이락(烏飛梨落)　　천고마비(天高馬肥)　　천신만고(千辛萬苦)

1. 요즘 날씨가 시원하고 하늘도 맑아서 운동하기 딱 좋죠. (　　　　　　)
→ It's perfect for exercise because the weather is cool and the sky is clear.

2. 공을 차는 순간 꽃병이 떨어져, 그들은 내가 깬 줄 알았어요. (　　　　　　)
→ As soon as I kicked the ball, the vase fell, and they thought I broke it.

3. 이 일을 끝내기까지 정말 많은 어려움을 겪었어요. (　　　　　　)
→ I went through a lot of hardships to finish this work.

한자어 정답

1

空 (공/빌, 하늘)　　　　　　　　　　traveler

港 (항/항구)　　　　　　　　　　　　high

旅 (여/나그네)　　　　　　　　　　　port

客 (객/손)　　　　　　　　　　　　　line

高 (고/높을)　　　　　　　　　　　empty, sky

度 (도/법도, 정도)　　　　　　　　　road

路 (노/길)　　　　　　　　　　　custom, degree

線 (선/줄)　　　　　　　　　　　　guest

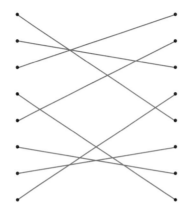

2
공항(空港) : 공(空) + 항(港) = 공항 (airport)

여객(旅客) : 여(旅) + 객(客) = 여객 (passenger)

고도(高度) : 고(高) + 도(度) = 고도 (altitude)

노선(路線) : 노(路) + 선(線) = 노선 (route)

한자 성어 정답

1

오비이락(烏飛梨落)　　　　harvest season, the sky is high and horses get fat
하늘이 높고 말이 살찌는 수확의 계절

천고마비(天高馬肥)　　　　Simultaneous events causes suspicion.
동시에 일어난 일이 의심을 일으킨다.

천신만고(千辛萬苦)　　　　enduring many hardships
수많은 어려움을 견뎌 냄

2  1. 천고마비　　2. 오비이락　　3. 천신만고

 25 관광(Tourism)

관광(觀光)이란 새로운 곳을 방문하여 그곳의 문화, 자연, 역사 등을 경험하고 즐기는 활동을 말해요. 관광을 통해 우리는 다양한 명소를 보고, 맛있는 음식을 먹으며, 그 나라나 지역의 문화를 배울 수 있어요. 관광은 가까운 곳에서도 할 수 있고, 멀리 있는 나라로 떠나면서 새로운 경험을 쌓을 수도 있어요. 관광은 우리의 시야를 넓혀주고 다른 사람들과 문화를 이해하는 데 도움을 줘요.

[관련 한자어]

관람(觀覽)   명소(名所)   기념(紀念)   체험(體驗)

[관련 한자 성어]

방방곡곡(坊坊曲曲)   명승고적(名勝古蹟)   유유자적(悠悠自適)

한자어 학습

1 주어진 한자어와 영어 단어를 알맞게 연결하시오.

한자어 (음/뜻)		영어 단어
觀 (관/볼)	•	• name, famous
覽 (람/볼, 관찰할)	•	• see, observe
名 (명/이름, 이름날)	•	• headrope, write
所 (소/바, 곳)	•	• see
紀 (기/벼리, 적을)	•	• body
念 (념/생각)	•	• way, place
體 (체/몸)	•	• test
驗 (험/시험)	•	• thought

※ 벼리 : 그물 코를 꿴 굵은 줄로 핵심이나 중요한 역할을 하는 것을 의미

2 한자와 뜻이 같도록 빈칸에 알맞은 주어진 영단어를 넣으시오.

viewing experience celebration attraction

관람(觀覽) : 관(觀) + 람(覽) = 관람 (   )

명소(名所) : 명(名) + 소(所) = 명소 (   )

기념(紀念) : 기(紀) + 념(念) = 기념 (   )

체험(體驗) : 체(體) + 험(驗) = 체험 (   )

한자 성어 학습

1 주어진 한자 성어와 영어(우리말) 설명이 맞도록 연결하시오.

한자 성어	영어(우리말) 설명

방방곡곡(坊坊曲曲) •

명승고적(名勝古蹟) •

유유자적(悠悠自適) •

• famous scenic spots and historical sites
유명한 경치와 역사적인 장소들

• every single place
어느 한 군데도 빼놓지 않은 모든 곳

• living leisurely without stress
걱정 없이 한가롭게 살아감

2 주어진 내용에 맞는 한자 성어를 빈칸에 알맞게 넣으시오. (한글만 작성)

방방곡곡(坊坊曲曲)　　명승고적(名勝古蹟)　　유유자적(悠悠自適)

1. 나는 방학 동안 우리나라의 구석구석을 여행했어요. (　　　　　　　　)
→ I traveled to every corner of my country during the vacation.

2. 우리 할아버지는 아름다운 경치를 보며 여유롭게 지내세요. (　　　　　　　　)
→ My grandfather lives peacefully enjoying the beautiful scenery.

3. 이번 주말에는, 역사적 장소와 유명한 관광지를 방문할 거예요. (　　　　　　　　)
→ This weekend, I will visit historical places and popular tourist attractions.

한자어 정답

1

觀 (관/볼)　　　　　　　　　　　　name, famous

覽 (람/볼, 관찰할)　　　　　　　　see, observe

名 (명/이름, 이름날)　　　　　　　headrope, write

所 (소/바, 곳)　　　　　　　　　　see

紀 (기/벼리, 적을)　　　　　　　　body

念 (념/생각)　　　　　　　　　　　way, place

體 (체/몸)　　　　　　　　　　　　test

驗 (험/시험)　　　　　　　　　　　thought

2 관람(觀覽) : 관(觀) + 람(覽) = 관람 (viewing)

명소(名所) : 명(名) + 소(所) = 명소 (attraction)

기념(紀念) : 기(紀) + 념(念) = 기념 (celebration)

체험(體驗) : 체(體) + 험(驗) = 체험 (experience)

한자 성어 정답

1

방방곡곡(坊坊曲曲)　　　　　famous scenic spots and historical sites
　　　　　　　　　　　　　　유명한 경치와 역사적인 장소들

명승고적(名勝古蹟)　　　　　every single place
　　　　　　　　　　　　　　어느 한 군데도 빼놓지 않은 모든 곳

유유자적(悠悠自適)　　　　　living leisurely without stress
　　　　　　　　　　　　　　걱정 없이 한가롭게 살아감

2 1. 방방곡곡　　2. 유유자적　　3. 명승고적

26 음식 (Food)

음식(飮食)이란 우리가 먹고 마시며 몸을 건강하게 유지하고 필요한 에너지를 얻는 것을 말해요. 음식은 집에서 직접 요리해 먹을 수도 있고, 식당에서 사 먹을 수도 있어요. 음식은 단순히 배를 채우는 것 이상의 의미를 가지고 있어요. 함께 음식을 나누며 소중한 사람들과 시간을 보내고, 그 시간을 통해 서로 더 가까워질 수 있어요. 또한 음식을 통해 다른 나라나 문화에 대해 배우고, 새로운 맛을 경험하면서 삶의 다양한 즐거움을 느낄 수 있어요.

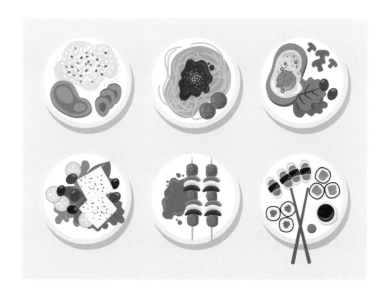

[관련 한자어]

식품(食品)   식사(食事)   영양(營養)   만끽(滿喫)

[관련 한자 성어]

호의호식(好衣好食)   식음전폐(食飮全廢)   계란유골(鷄卵有骨)

한자어 학습

1 주어진 한자어와 영어 단어를 알맞게 연결하시오.

한자어 (음/뜻)	영어 단어

食 (식/밥, 먹을) •   • work

品 (품/물건) •   • full

事 (사/일) •   • thing

營 (영/경영할) •   • eat

養 (양/기를) •   • raise

滿 (만/찰) •   • rice, eat

喫 (끽/먹을) •   • manage

2 한자와 뜻이 같도록 빈칸에 알맞은 주어진 영단어를 넣으시오.

food   full enjoyment   nutrition   meal

식품(食品) : 식(食) + 품(品) = 식품 (   )

식사(食事) : 식(食) + 사(事) = 식사 (   )

영양(營養) : 영(營) + 양(養) = 영양 (   )

만끽(滿喫) : 만(滿) + 끽(喫) = 만끽 (   )

한자 성어 학습

1 주어진 한자 성어와 영어(우리말) 설명이 맞도록 연결하시오.

한자 성어	영어(우리말) 설명

호의호식(好衣好食)　•

식음전폐(食飮全廢)　•

계란유골(鷄卵有骨)　•

• Even in easy tasks, bad luck can bring failure.
쉬운 일에서도 불운이 실패를 가져올 수 있다.

• living comfortably with good food and clothes
좋은 음식과 옷을 즐기며 편안하게 삶

• completely losing appetite from stress or sadness
스트레스나 슬픔으로 인해 식욕을 완전히 잃음

2 주어진 내용에 맞는 한자 성어를 빈칸에 알맞게 넣으시오. (한글만 작성)

호의호식(好衣好食)　식음전폐(食飮全廢)　계란유골(鷄卵有骨)

1. 여동생은 스트레스를 받아서 며칠째 아무것도 먹지 못하고 있어요. (　　　　　　　)

→ My younger sister hasn't eaten for days because of stress.

2. 친구는 맛있는 음식과 좋은 옷을 즐기며 편안하게 살고 있어요. (　　　　　　　)

→ My friend is living comfortably enjoying good food and clothes.

3. 그렇게 쉬운 일인데도 운이 나빠서 실패했어요. (　　　　　　　)

→ It ended in failure because even an easy task went wrong due to bad luck.

한자어 정답

1

食 (식/밥, 먹을)	work
品 (품/물건)	full
事 (사/일)	thing
營 (영/경영할)	eat
養 (양/기를)	raise
滿 (만/찰)	rice, eat
喫 (끽/먹을)	manage

2

식품(食品) : 식(食) + 품(品) = 식품 (food)

식사(食事) : 식(食) + 사(事) = 식사 (meal)

영양(營養) : 영(營) + 양(養) = 영양 (nutrition)

만끽(滿喫) : 만(滿) + 끽(喫) = 만끽 (full enjoyment)

한자 성어 정답

1

호의호식(好衣好食) — Even in easy tasks, bad luck can bring failure.
쉬운 일에서도 불운이 실패를 가져올 수 있다.

식음전폐(食飮全廢) — living comfortably with good food and clothes
좋은 음식과 옷을 즐기며 편안하게 삶

계란유골(鷄卵有骨) — completely losing appetite from stress or sadness
스트레스나 슬픔으로 인해 식욕을 완전히 잃음

2 1. 식음전폐   2. 호의호식   3. 계란유골

 27 요리(Cooking)

요리(料理)란 다양한 재료를 준비하고 조리하여 음식을 만드는 과정을 말해요. 요리를 통해 우리는 맛있는 음식을 만들고, 이를 가족이나 친구들과 함께 나누며 서로를 위한 마음을 표현하기도 하지요. 우리는 새로운 요리를 시도하며 창의성을 발휘할 수 있고, 건강을 생각한 음식을 만들어 몸을 돌볼 수도 있어요. 누구나 요리를 배우고 즐길 수 있으며, 함께 요리하는 과정에서 더욱 가까워지는 기회를 만들 수 있어요.

[관련 한자어]

주방(廚房)   조미(調味)   시식(試食)   식단(食單)

[관련 한자 성어]

조삼모사(朝三暮四)   어두육미(魚頭肉尾)   산해진미(山海珍味)

한자어 학습

1 주어진 한자어와 영어 단어를 알맞게 연결하시오.

한자어 (음/뜻)	영어 단어
廚 (주/부엌) •	• help
房 (방/방) •	• one
調 (조/도울) •	• taste
味 (미/맛) •	• kitchen
試 (시/시험할) •	• test
食 (식/밥) •	• room
單 (단/홑) •	• rice

2 한자와 뜻이 같도록 빈칸에 알맞은 주어진 영단어를 넣으시오.

diet   tasting   kitchen   flavoring

주방(廚房) : 주(廚) + 방(房) = 주방 (   )

조미(調味) : 조(調) + 미(味) = 조미 (   )

시식(試食) : 시(試) + 식(食) = 시식 (   )

식단(食單) : 식(食) + 단(單) = 식단 (   )

한자 성어 학습

1 주어진 한자 성어와 영어(우리말) 설명이 맞도록 연결하시오.

한자 성어	영어(우리말) 설명

조삼모사(朝三暮四) •

• the best parts of food like the fish head and the tail
생선 머리와 고기 꼬리처럼 음식의 가장 맛있는 부분

어두육미(魚頭肉尾) •

• special and delicious foods from the mountains and sea
산과 바다에서 나는 귀하고 맛있는 음식

산해진미(山海珍味) •

• tricking people with small changes
작은 변화를 이용해 사람을 속임

2 주어진 내용에 맞는 한자 성어를 빈칸에 알맞게 넣으시오. (한글만 작성)

조삼모사(朝三暮四)　어두육미(魚頭肉尾)　산해진미(山海珍味)

1. 그 작은 식당의 음식이 예상치 못하게 맛있었어요. (　　　　　　　　)

→ The food at the small restaurant tasted unexpectedly good.

2. 대형마트의 판매 전략에 고객들이 속아서 화가 났어요. (　　　　　　　　)

→ Customers were upset after being tricked by the supermarket's sales strategy.

3. 생선 머리와 고기 꼬리가 가장 맛있는 부위라서 먹었어요. (　　　　　　　　)

→ I ate the fish head and the tail as they were the tastiest parts.

한자어 정답

1

廚 (주/부엌)		help
房 (방/방)		one
調 (조/도울)		taste
味 (미/맛)		kitchen
試 (시/시험할)		test
食 (식/밥)		room
單 (단/홑)		rice

2 주방(廚房) : 주(廚) + 방(房) = 주방 (kitchen)

조미(調味) : 조(調) + 미(味) = 조미 (flavoring)

시식(試食) : 시(試) + 식(食) = 시식 (tasting)

식단(食單) : 식(食) + 단(單) = 식단 (diet)

한자 성어 정답

1

조삼모사(朝三暮四)

the best parts of food like the fish head and the tail
생선 머리와 고기 꼬리처럼 음식의 가장 맛있는 부분

어두육미(魚頭肉尾)

special and delicious foods from the mountains and sea
산과 바다에서 나는 귀하고 맛있는 음식

산해진미(山海珍味)

tricking people with small changes
작은 변화를 이용해 사람을 속임

2 1. 산해진미   2. 조삼모사   3. 어두육미

28 취미(Hobby)

취미(趣味)란 자신이 좋아하고 즐기는 활동을 말해요. 취미는 공부나 일과는 다르게, 스트레스를 풀고 행복을 느낄 수 있게 해 줘요. 사람마다 다양한 취미가 있을 수 있는데, 예를 들어 책을 읽거나 운동을 하거나 그림을 그리는 것이 취미가 될 수 있어요. 취미는 혼자서도 즐길 수 있지만, 친구나 가족과 함께하면 더 즐겁고 특별한 시간을 보낼 수 있어요.

[관련 한자어]

여가(餘暇)   기호(嗜好)   수집(蒐集)   심취(心醉)

[관련 한자 성어]

다재다능(多才多能)   불철주야(不撤晝夜)   전심전력(全心全力)

한자어 학습

1 주어진 한자어와 영어 단어를 알맞게 연결하시오.

한자어 (음/뜻)		영어 단어
餘 (여/남을)	•	• left
暇 (가/틈)	•	• enjoy
嗜 (기/즐길)	•	• collect
好 (호/좋을)	•	• heart, mind
蒐 (수/모을, 숨길)	•	• break
集 (집/모을)	•	• fascinated, fall into
心 (심/마음, 생각)	•	• like
醉 (취/취할, 빠질)	•	• collect, hide

2 한자와 뜻이 같도록 빈칸에 알맞은 주어진 영단어를 넣으시오.

> leisure   preference   collection   fascination

여가(餘暇) : 여(餘) + 가(暇) = 여가 (   )

기호(嗜好) : 기(嗜) + 호(好) = 기호 (   )

수집(蒐集) : 수(蒐) + 집(集) = 수집 (   )

심취(心醉) : 심(心) + 취(醉) = 심취 (   )

한자 성어 학습

1 주어진 한자 성어와 영어(우리말) 설명이 맞도록 연결하시오.

한자 성어	영어(우리말) 설명

다재다능(多才多能) •

불철주야(不撤晝夜) •

전심전력(全心全力) •

• working nonstop, day and night
  밤낮을 가리지 않고 쉬지 않고 일함

• having multiple talents or skills
  여러 재능과 능력을 지님

• putting in all effort with one's whole heart
  온 마음을 다해 전적으로 헌신함

2 주어진 내용에 맞는 한자 성어를 빈칸에 알맞게 넣으시오. (한글만 작성)

다재다능(多才多能)   불철주야(不撤晝夜)   전심전력(全心全力)

1. 지우는 운동도 공부도 잘해요. (   )

→ Jiwoo is good at both sports and studying.

2. 지현이는 시험 준비를 할 때 오직 공부만 해요. (   )

→ Jihyun focuses only on studying when preparing for exams.

3. 민수는 쉬지 않고 심지어 다음 날 아침까지 밤새 게임을 해요. (   )

→ Minsu plays games all night and even into the next morning without resting.

한자어 정답

1

餘 (여/남을)	left
暇 (가/틈)	enjoy
嗜 (기/즐길)	collect
好 (호/좋을)	heart, mind
蒐 (수/모을, 숨길)	break
集 (집/모을)	fascinated, fall into
心 (심/마음, 생각)	like
醉 (취/취할, 빠질)	collect, hide

2 여가(餘暇) : 여(餘) + 가(暇) = 여가 (leisure)

기호(嗜好) : 기(嗜) + 호(好) = 기호 (preference)

수집(蒐集) : 수(蒐) + 집(集) = 수집 (collection)

심취(心醉) : 심(心) + 취(醉) = 심취 (fascination)

한자 성어 정답

1

다재다능(多才多能)	working nonstop, day and night 밤낮을 가리지 않고 쉬지 않고 일함
불철주야(不撤晝夜)	having multiple talents or skills 여러 재능과 능력을 지님
전심전력(全心全力)	putting in all effort with one's whole heart 온 마음을 다해 전적으로 헌신함

2 1. 다재다능　　2. 전심전력　　3. 불철주야

29 놀이(Play)

놀이(遊戲 : 유희)란 재미있게 시간을 보내기 위해 하는 활동을 말해요. 놀이는 혼자서 할 수도 있지만, 보통 친구들과 함께할 때 더 즐거워요. 놀이는 달리기나 숨바꼭질처럼 몸을 움직이는 활동일 수도 있고, 보드게임이나 장난감 놀이처럼 조용히 하는 활동일 수도 있어요. 놀이는 공부나 일이 아니지만, 즐거운 마음으로 새로운 것을 배우고 친구들과 더 가까워질 수 있는 소중한 시간이기도 해요.

[관련 한자어]

완구(玩具)   오락(娛樂)   승부(勝負)   유행(流行)

[관련 한자 성어]

여유만만(餘裕滿滿)   소탐대실(小貪大失)   건곤일척(乾坤一擲)

1 주어진 한자어와 영어 단어를 알맞게 연결하시오.

한자어 (음/뜻)		영어 단어
玩 (완/희롱할, 장난할)	•	• enjoy
具 (구/갖출, 도구)	•	• win
娛 (오/즐길)	•	• ridicule, play
樂 (락/즐길, 좋아할)	•	• flow
勝 (승/이길)	•	• go, trend
負 (부/질)	•	• enjoy, like
流 (유/흐를)	•	• equip, tool
行 (행/다닐, 유행)	•	• lose

2 한자와 뜻이 같도록 빈칸에 알맞은 주어진 영단어를 넣으시오.

toy   trend   competition   entertainment

완구(玩具) : 완(玩) + 구(具) = 완구 (   )

오락(娛樂) : 오(娛) + 락(樂) = 오락 (   )

승부(勝負) : 승(勝) + 부(負) = 승부 (   )

유행(流行) : 유(流) + 행(行) = 유행 (   )

한자 성어 학습

1 주어진 한자 성어와 영어(우리말) 설명이 맞도록 연결하시오.

한자 성어	영어(우리말) 설명

여유만만(餘裕滿滿)　•

소탐대실(小貪大失)　•

건곤일척(乾坤一擲)　•

•　losing big by being greedy for small things
작은 것을 탐하다가 큰 것을 잃음

•　a do-or-die situation
모든 것을 걸고 단판 승부를 하는 상황

•　calm and full of confidence
침착하고 자신감이 넘치는

2 주어진 내용에 맞는 한자 성어를 빈칸에 알맞게 넣으시오. (한글만 작성)

> 여유만만(餘裕滿滿)　소탐대실(小貪大失)　건곤일척(乾坤一擲)

1. 그들은 돈을 조금 아끼려다가 친구를 잃었어요. (　　　　　　　　)

→ They tried to save a little money and lost friends.

2. 민호는 아주 자신 있게 발표를 준비했어요. (　　　　　　　　)

→ Minho prepared for the presentation with full confidence.

3. 형진이는 마지막 경기에 모든 걸 걸었어요. (　　　　　　　　)

→ Hyeongjin put everything on the line for the final match.

한자어 정답 ~~~~~~~~~~~~~~~~~~~~~~~~~

1
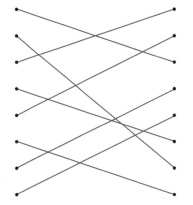

玩 (완/희롱할, 장난할)   enjoy

具 (구/갖출, 도구)   win

娛 (오/즐길)   ridicule, play

樂 (락/즐길, 좋아할)   flow

勝 (승/이길)   go, trend

負 (부/질)   enjoy, like

流 (유/흐를)   equip, tool

行 (행/다닐, 유행)   lose

2 완구(玩具) : 완(玩) + 구(具) = 완구 (toy)

오락(娛樂) : 오(娛) + 락(樂) = 오락 (entertainment)

승부(勝負) : 승(勝) + 부(負) = 승부 (competition)

유행(流行) : 유(流) + 행(行) = 유행 (trend)

한자 성어 정답 ~~~~~~~~~~~~~~~~~~~~~~~

1

여유만만(餘裕滿滿)   losing big by being greedy for small things
작은 것을 탐하다가 큰 것을 잃음

소탐대실(小貪大失)   a do-or-die situation
모든 것을 걸고 단판 승부를 하는 상황

건곤일척(乾坤一擲)   calm and full of confidence
침착하고 자신감이 넘치는

2 1. 소탐대실   2. 여유만만   3. 건곤일척

30 운동(Sport)

운동(運動)이란 몸을 움직여서 건강을 유지하고 힘을 기르는 활동을 말해요. 운동은 혼자 할 수도 있고 친구들과 함께할 수도 있어요. 운동은 달리기나 축구처럼 밖에서 할 수도 있고, 실내에서 요가나 스트레칭을 할 수도 있어요. 운동을 하면 몸이 튼튼해지고 기분도 좋아져요. 운동을 꾸준히 하면 더 건강해질 수 있어요.

[관련 한자어]

구기(球技)　체조(體操)　시합(試合)　응원(應援)

[관련 한자 성어]

백발백중(百發百中)　용호상박(龍虎相搏)　전광석화(電光石火)

한자어 학습

1 주어진 한자어와 영어 단어를 알맞게 연결하시오.

한자어 (음/뜻)	영어 단어

球 (구/공) •   • body

技 (기/재주) •   • ball

體 (체/몸) •   • hold

操 (조/잡을) •   • test

試 (시/시험할) •   • respond

合 (합/합할, 싸울) •   • talent

應 (응/응할) •   • help

援 (원/도울) •   • combine, fight

2 한자와 뜻이 같도록 빈칸에 알맞은 주어진 영단어를 넣으시오.

ball game   gymnastics   match   cheer

구기(球技) : 구(球) + 기(技) = 구기 (   )

체조(體操) : 체(體) + 조(操) = 체조 (   )

시합(試合) : 시(試) + 합(合) = 시합 (   )

응원(應援) : 응(應) + 원(援) = 응원 (   )

한자 성어 학습

1 주어진 한자 성어와 영어(우리말) 설명이 맞도록 연결하시오.

한자 성어	영어(우리말) 설명

백발백중(百發百中) •

전광석화(電光石火) •

용호상박(龍虎相搏) •

• a fierce fight between two strong opponents
두 강한 상대 사이의 치열한 싸움

• always hitting the target accurately
항상 목표를 정확히 맞힘

• as fast as lightning
번개처럼 매우 빠른

2 주어진 내용에 맞는 한자 성어를 빈칸에 알맞게 넣으시오. (한글만 작성)

백발백중(百發百中)   용호상박(龍虎相搏)   전광석화(電光石火)

1. 경민이와 지훈이는 둘 다 너무 잘해서 승부를 알 수 없어요. (   )

→ Both Kyungmin and Jihoon are so good that it's hard to tell the winner.

2. 지우는 번개처럼 빠르게 문제를 풀었어요. (   )

→ Jiwoo solved the problem as fast as lightning.

3. 민수는 활을 쏠 때마다 과녁을 정확하게 맞춰요. (   )

→ Minsu always hits the target when shooting arrows.

한자어 정답

1

球 (구/공) —————————— body
技 (기/재주) —————————— ball
體 (체/몸) —————————— hold
操 (조/잡을) —————————— test
試 (시/시험할) —————————— respond
合 (합/합할, 싸울) —————————— talent
應 (응/응할) —————————— help
援 (원/도울) —————————— combine, fight

2 구기(球技) : 구(球) + 기(技) = 구기 (ball game)

체조(體操) : 체(體) + 조(操) = 체조 (gymnastics)

시합(試合) : 시(試) + 합(合) = 시합 (match)

응원(應援) : 응(應) + 원(援) = 응원 (cheer)

한자 성어 정답

1

백발백중(百發百中) —————— a fierce fight between two strong opponents
두 강한 상대 사이의 치열한 싸움

용호상박(龍虎相搏) —————— always hitting the target accurately
항상 목표를 정확히 맞힘

전광석화(電光石火) —————— as fast as lightning
번개처럼 매우 빠른

2 1. 용호상박   2. 전광석화   3. 백발백중

문해력 쑥쑥 [어휘편 ➊]

부록

① 가족(Family)

부모(父母) : 아버지와 어머니를 아울러 이르는 말.

형제(兄弟) : 형과 아우를 아울러 이르는 말. 형제와 자매, 남매를 통틀어 이르는 말.

자매(姉妹) : 언니와 여동생 사이를 이르는 말.

자녀(子女) : 아들과 딸을 아울러 이르는 말.

가화만사성(家和萬事成) : 집안이 화목하면 모든 일이 잘됨.

부전자전(父傳子傳) : 아들의 성격이나 생활 습관 따위가 아버지로부터 대물림된 것처럼 같거나 비슷함.

가부장제(家父長制) : 가부장이 가족에 대한 지배권을 행사하는 가족 형태. 또는 그런 지배 형태.

② 친구(Friend)

우정(友情) : 친구 사이의 정.

지인(知人) : 아는 사람.

동행(同行) : 같이 길을 감.

절친(切親) : 더할 나위 없이 친한 친구.

죽마고우(竹馬故友) : 어릴 때부터 같이 놀며 자란 벗.

막역지우(莫逆之友) : 허물이 없이 아주 친한 친구.

동고동락(同苦同樂) : 괴로움도 즐거움도 함께함.

③ 인사(Greeting)

안녕(安寧) : 아무 탈 없이 편안함.

감사(感謝) : 고마움을 나타내는 인사.

환영(歡迎) : 오는 사람을 기쁜 마음으로 반갑게 맞음.

안부(安否) : 어떤 사람이 편안하게 잘 지내고 있는지 그렇지 아니한지에 대한 소식. 또는 인사로 그것을 전하거나 묻는 일.

감지덕지(感之德之) : 분에 넘치는 듯싶어 매우 고맙게 여기는 모양.

만사형통(萬事亨通) : 모든 것이 뜻대로 잘됨.

송구영신(送舊迎新) : 묵은해를 보내고 새해를 맞음.

④ 집(Home)

가정(家庭) : 한 가족이 생활하는 집. 가까운 혈연관계에 있는 사람들의 생활 공동체.

주택(住宅) : 사람이 들어가 살 수 있게 지은 건물.

출입(出入) : 어느 곳을 드나듦.

가문(家門) : 가족 또는 가까운 일가로 이루어진 공동체. 또는 그 사회적 지위.

가가호호(家家戶戶) : 한 집 한 집마다.

자수성가(自手成家) : 물려받은 재산이 없이 자기 혼자의 힘으로 집안을 일으키고 재산을 모음.

초가삼간(草家三間) : 세 칸밖에 안 되는 초가라는 뜻, 아주 작은 집을 이르는 말.

⑤ 손님(Guest)

객실(客室) : 손님을 거처하게 하거나 접대할 수 있도록 정해 놓은 방.

초대(招待) : 어떤 모임에 참가해 줄 것을 청함. 사람을 불러 대접함.

방문(訪問) : 어떤 사람이나 장소를 찾아가서 만나거나 봄.

응대(應待) : 손님을 맞아들여 접대함.

문전성시(門前成市) : 찾아오는 사람이 많아 집 문 앞이 시장을 이루다시피 함을 이르는 말.

주객전도(主客顚倒) : 주인과 손의 위치가 서로 뒤바뀐다는 뜻.

진수성찬(珍羞盛饌) : 푸짐하게 잘 차린 맛있는 음식.

⑥ 학교(School)

교사(教師) : 일정한 자격을 가지고 학생을 가르치는 사람.

학생(學生) : 학교에 다니면서 공부하는 사람.

입학(入學) : 학생이 되어 공부하기 위해 학교에 들어감. 또는 학교를 들어감.

졸업(卒業) : 학생이 규정에 따라 소정의 교과 과정을 마침.

교학상장(敎學相長) : 가르치고 배우는 과정에서 스승과 제자가 함께 성장함.

청출어람(青出於藍) : 제자나 후배가 스승이나 선배보다 나음을 비유적으로 이르는 말.

문일지십(聞一知十) : 하나를 듣고 열 가지를 미루어 안다는 뜻으로, 지극히 총명함을 이르는 말.

7 학습(Learning)

경험(經驗) : 자신이 실제로 해 보거나 겪어 봄. 또는 거기서 얻은 지식이나 기능.

이해(理解) : 사리를 분별하여 해석함. 깨달아 앎. 또는 잘 알아서 받아들임.

평가(評價) : 사물의 가치나 수준 따위를 평함. 또는 그 가치나 수준.

습관(習慣) : 어떤 행위를 오랫동안 되풀이하는 과정에서 저절로 익혀진 행동 방식.

학이시습지(學而時習之) : 배우고 때때로 익히는 것.

수불석권(手不釋卷) : 손에서 책을 놓지 아니하고 늘 글을 읽음.

형설지공(螢雪之功) : 눈과 함께 하는 노력이라는 뜻으로, 고생하면서 부지런하고 꾸준하게 공부하는 자세를 이르는 말.

8 역사(History)

문명(文明) : 인류가 이룩한 물질적, 기술적, 사회 구조적인 발전.

유적(遺跡) : 남아 있는 자취. 건축물이나 싸움터 또는 역사적인 사건이 벌어졌던 곳이나 패총, 고분 따위.

사료(史料) : 역사 연구에 필요한 문헌이나 유물. 문서, 기록, 건축, 조각 따위.

국사(國史) : 나라의 역사.

흥망성쇠(興亡盛衰) : 흥하고 망함과 성하고 쇠함.

개국공신(開國功臣) : 나라를 새로 세울 때 큰 공로가 있는 신하.

제정일치(帝政一致) : 제사와 정치가 일치한다는 사상. 또는 그런 정치 형태.

9 과학(Science)

실험(實驗) : 실제로 해 봄. 또는 그렇게 하는 일. 과학에서, 이론이나 현상을 관찰하고 측정함.

관찰(觀察) : 사물이나 현상을 주의하여 자세히 살펴봄.

발견(發見) : 미처 찾아내지 못하였거나 아직 알려지지 아니한 사물이나 현상, 사실 따위를 찾아냄.

연구(研究) : 어떤 일이나 사물에 대하여서 깊이 있게 조사하고 생각하여 진리를 따져 보는 일.

실사구시(實事求是) : 사실에 토대를 두어 진리를 탐구하는 일. 공리공론을 떠나서 정확한 고증을 바탕으로 하는 과학적·객관적 학문 태도를 이른 것.

격물치지(格物致知) : 실제 사물의 이치를 연구하여 지식을 완전하게 함.

백문불여일견(百聞不如一見) : '백 번 듣는 것이 한 번 보는 것만 못하다.'라는 뜻으로, 무엇이든지 경험(經驗)해 보아야 보다 확실(確實)히 알 수 있다는 말.

❿ 미술(Art)

색채(色彩) : 물체가 빛을 받을 때 빛의 파장에 따라 그 거죽에 나타나는 특유한 빛.

구도(構圖) : 그림에서 모양, 색깔, 위치 따위의 짜임새.

조형(造形) : 여러 가지 재료를 이용하여 구체적인 형태나 형상을 만듦.

명암(明暗) : 밝음과 어두움을 통틀어 이르는 말.

화룡점정(畫龍點睛) : 무슨 일을 하는 데에 가장 중요한 부분을 완성함을 비유하는 말.

금상첨화(錦上添花) : 비단 위에 꽃을 더한다는 뜻으로, 좋은 일 위에 또 좋은 일이 더하여짐을 비유적으로 이르는 말.

자화자찬(自畫自讚) : 자기가 그린 그림을 스스로 칭찬한다는 뜻으로, 자기가 한 일을 스스로 자랑함을 이르는 말.

⓫ 숫자(Number)

단위(單位) : 길이, 무게, 시간 따위의 수량을 수치로 나타낼 때 기초가 되는 일정한 기준.

비례(比例) : 한쪽의 양이나 수가 증가하는 만큼 다른 쪽의 양이나 수도 증가함.

평균(平均) : 여러 사물의 질이나 양 따위를 통일적으로 고르게 한 것. 여러 수나 같은 종류의 양의 중간값을 갖는 수.

분수(分數) : 정수 a를 0이 아닌 정수 b로 나눈 몫을 a/b로 표시한 것.

천편일률(千篇一律) : 여럿이 개별적 특성이 없이 모두 비슷한 현상을 비유적으로 이르는 말.

삼삼오오(三三五五) : 서너 사람 또는 대여섯 사람이 떼를 지어 다니거나 무슨 일을 함.

십시일반(十匙一飯) : 밥 열 술이 한 그릇이 된다는 뜻으로, 여러 사람이 조금씩 힘을 합하면 한 사람을 돕기 쉬움을 이르는 말.

⓬ 색깔(Color)

채도(彩度) : 색의 선명한 정도.

명도(明度) : 색의 밝고 어두운 정도.

대비(對比) : 두 가지의 차이를 밝히기 위하여 서로 맞대어 비교함. 또는 그런 비교.

원색(原色) : 회화나 사진의 복제에서 원래의 색.

각양각색(各樣各色) : 각기 다른 여러 가지 모양과 빛깔.

오색찬란(五色燦爛) : 여러 가지 빛깔이 한데 어울려 아름답게 빛남.

흑백논리(黑白論理) : 모든 문제를 흑과 백, 선과 악, 득과 실의 양극단으로만 구분하고 중립적인 것을 인정하지 아니하려는 편중된 사고방식이나 논리.

⓭ 시간(Time)

기한(期限) : 미리 한정하여 놓은 시기.

당일(當日) : 일이 있는 바로 그날.

임박(臨迫) : 어떤 때가 가까이 닥쳐옴.

지속(持續) : 어떤 상태가 오래 계속됨. 또는 어떤 상태를 오래 계속함.

일촉즉발(一觸卽發) : 한 번 건드리기만 해도 폭발할 것같이 몹시 위급한 상태.

시시각각(時時刻刻) : 각각의 시각.

시종일관(始終一貫) : 일 따위를 처음부터 끝까지 한결같이 함.

⓮ 날씨(Weather)

기후(氣候) : 기온, 비, 눈, 바람 따위의 대기(大氣) 상태.

습도(濕度) : 공기 가운데 수증기가 들어 있는 정도.

강수(降水) : 비, 눈, 우박, 안개 따위로 지상에 내린 물.

청명(晴明) : 날씨가 맑고 밝음.

우로지택(雨露之澤) : 이슬과 비의 덕택이라는 뜻으로, 왕의 넓고 큰 은혜를 이르는 말.

우후죽순(雨後竹筍) : 비가 온 뒤에 여기저기 솟는 죽순이라는 뜻으로, 어떤 일이 한때에 많이 생겨남을 비유적으로 이르는 말.

이열치열(以熱治熱) : 열은 열로써 다스림. 곧 열이 날 때 땀을 낸다든지, 뜨거운 차를 마셔서 더위를 이긴다든지, 힘은 힘으로 물리친다는 따위를 이를 때에 흔히 쓰는 말.

⓯ 도구(Tool)

연장(鍊粧) : 일을 하는 데 쓰이는 도구.

기계(機械) : 동력을 써서 움직이거나 일을 하는 장치.

부품(部品) : 기계 따위의 어떤 부분에 쓰는 물품.

설비(設備) : 필요한 것을 베풀어서 갖춤. 또는 그런 시설.

일석이조(一石二鳥) : 돌 하나를 던져 새 두 마리를 잡는다는 뜻으로, 동시에 두 가지 이득을 봄을 이르는 말.

유비무환(有備無患) : 미리 준비가 되어 있으면 걱정할 것이 없음.

무용지물(無用之物) : 쓸모없는 물건이나 사람.

⑯ 자연(Nature)

지질(地質) : 지각을 이루는 여러 가지 암석이나 지층의 성질 또는 상태.

생태(生態) : 생물이 살아가는 모양이나 상태.

광물(鑛物) : 천연으로 나며 질이 고르고 화학적 조성이 일정한 물질.

대기(大氣) : '공기'를 달리 이르는 말. 명사 천체(天體)의 표면을 둘러싸고 있는 기체.

청산유수(靑山流水) : 푸른 산에 흐르는 맑은 물이라는 뜻으로, 막힘없이 썩 잘하는 말을 비유적으로 이르는 말.

일목요연(一目瞭然) : 한 번 보고 대번에 알 수 있을 만큼 분명하고 뚜렷함.

삼라만상(森羅萬象) : 우주에 있는 온갖 사물과 현상.

⑰ 동물(Animal)

번식(繁殖) : 생물이 생식을 통하여 자기 자손을 유지하고 늘리는 현상.

멸종(滅種) : 생물의 한 종류가 아주 없어짐. 또는 생물의 한 종류를 아주 없애 버림.

서식(棲息) : 생물 따위가 일정한 곳에 자리를 잡고 삶.

야생(野生) : 산이나 들에서 저절로 나서 자람. 또는 그런 생물.

우이독경(牛耳讀經) : 쇠귀에 경 읽기라는 뜻으로, 아무리 가르치고 일러 주어도 알아듣지 못함을 이르는 말.

교각살우(矯角殺牛) : 소의 뿔을 바로잡으려다가 소를 죽인다는 뜻으로, 잘못된 점을 고치려다가 그 방법이나 정도가 지나쳐 오히려 일을 그르침을 이르는 말.

호가호위(狐假虎威) : 남의 권세를 빌려 위세를 부림.

⑱ 식물(Plant)

수목(樹木) : 살아 있는 나무.

온실(溫室) : 광선, 온도, 습도 따위를 조절하여 각종 식물의 재배를 자유롭게 하는 구조물.

조경(造景) : 경치를 아름답게 꾸밈.

원예(園藝) : 채소, 과일, 화초 따위를 심어서 가꾸는 일이나 기술.

상전벽해(桑田碧海) : 채소, 과일, 화초 따위를 심어서 가꾸는 일이나 기술.

연목구어(緣木求魚) : 나무에 올라가서 물고기를 구한다는 뜻으로, 도저히 불가능한 일을 굳이 하려 함을 비유적으로 이르는 말.

파죽지세(破竹之勢) : 대를 쪼개는 기세라는 뜻으로, 적을 거침없이 물리치고 쳐들어가는 기세를 이르는 말.

⑲ 바다(Sea)

연안(沿岸) : 강이나 호수, 바다를 따라 잇닿아 있는 육지. 명사 육지와 면한 바다·강·호수 따위의 물가.

항해(航海) : 배를 타고 바다 위를 다님.

조수(潮水) : 밀물과 썰물을 통틀어 이르는 말.

염수(鹽水) : 소금을 녹인 물.

수어지교(水魚之交) : 아주 친밀하여 떨어질 수 없는 사이를 비유적으로 이르는 말.

일파만파(一波萬波) : 한 사건이 그 사건에 그치지 아니하고 잇따라 많은 사건으로 번짐을 이르는 말.

인산인해(人山人海) : 사람이 수없이 많이 모인 상태를 이르는 말.

⑳ 바람(Wind)

태풍(颱風) : 북태평양 서남부에서 발생하여 아시아 대륙 동부로 불어오는, 폭풍우를 수반한 맹렬한 열대 저기압.

통풍(通風) : 바람이 통함. 또는 그렇게 함.

청정(淸淨) : 맑고 깨끗함.

대류(對流) : 물리 기체나 액체에서, 물질이 이동함으로써 열이 전달되는 현상.

마이동풍(馬耳東風) : 남의 말을 귀담아듣지 아니하고 지나쳐 흘려버림을 이르는 말.

풍전등화(風前燈火) : 사물이 매우 위태로운 처지에 놓여 있음을 비유적으로 이르는 말.

풍비박산(風飛雹散) : 사방으로 날아 흩어짐.

㉑ 교통수단(Transportation)

운송(運送) : 사람을 태워 보내거나 물건 따위를 실어 보냄.

왕복(往復) : 갔다가 돌아옴.

항공(航空) : 비행기로 공중을 날아다님.

환승(換乘) : 다른 노선이나 교통수단으로 갈아탐.

사통팔달(四通八達) : 도로나 교통망, 통신망 따위가 이리저리 사방으로 통함.

견마지로(犬馬之勞) : 윗사람에게 충성을 다하는 자신의 노력을 낮추어 이르는 말.

진퇴양난(進退兩難) : 이러지도 저러지도 못하는 어려운 처지.

22 여행(Travel)

관광(觀光) : 다른 지방이나 다른 나라에 가서 그곳의 풍경, 풍습, 문물 따위를 구경함.

여정(旅程) : 여행의 과정이나 일정.

숙소(宿所) : 집을 떠난 사람이 임시로 묵음. 또는 그런 곳.

일주(一周) : 일정한 경로를 한 바퀴 돎.

일사천리(一瀉千里) : 어떤 일이 거침없이 빨리 진행됨을 이르는 말.

주마간산(走馬看山) : 자세히 살피지 아니하고 대충대충 보고 지나감을 이르는 말.

사방팔방(四方八方) : 여기저기 모든 방향이나 방면.

23 지도(Map)

지형(地形) : 땅의 생긴 모양이나 형세.

방향(方向) : 어떤 뜻이나 현상이 일정한 목표를 향하여 나아가는 쪽.

좌표(座標) : 사물이 처하여 있는 위치나 형편을 비유적으로 이르는 말.

국경(國境) : 나라와 나라의 영역을 가르는 경계.

우왕좌왕(右往左往) : 이리저리 왔다 갔다 하며 일이나 나아가는 방향을 종잡지 못함.

천방지축(天方地軸) : 못난 사람이 종작없이 덤벙이는 일. 너무 급하여 허둥지둥 함부로 날뜀.

오리무중(五里霧中) : 무슨 일에 대하여 방향이나 갈피를 잡을 수 없음을 이르는 말.

24 항공(Aviation)

공항(空港) : 항공 수송을 위하여 사용하는 공공용 비행장.

여객(旅客) : 기차, 비행기, 배 따위로 여행하는 사람.

고도(高度) : 평균 해수면 따위를 0으로 하여 측정한 대상 물체의 높이.

노선(路線) : 자동차 선로, 철도 선로 따위와 같이 일정한 두 지점을 정기적으로 오가는 교통선.

오비이락(烏飛梨落) : 아무 관계도 없이 한 일이 공교롭게도 때가 같아 억울하게 의심받거나 난처한 위치에 서게 됨을 이르는 말.

천고마비(天高馬肥) : 하늘이 맑아 높푸르게 보이고 온갖 곡식이 익는 가을철을 이르는 말.

천신만고(千辛萬苦) : 온갖 어려운 고비를 다 겪으며 심하게 고생함을 이르는 말.

㉕ 관광(Tourism)

관람(觀覽) : 연극, 영화, 운동 경기, 미술품 따위를 구경함.

명소(名所) : 경치나 고적, 산물 따위로 널리 알려진 곳.

기념(紀念) : 어떤 뜻깊은 일이나 훌륭한 인물 등을 오래도록 잊지 아니하고 마음에 간직함.

체험(體驗) : 자기가 몸소 겪음. 또는 그런 경험.

방방곡곡(坊坊曲曲) : 한 군데도 빠짐이 없는 모든 곳.

명승고적(名勝古蹟) : 훌륭한 경치와 역사적인 유적.

유유자적(悠悠自適) : 속세를 떠나 아무 속박 없이 조용하고 편안하게 삶.

㉖ 음식(Food)

식품(食品) : 사람이 일상적으로 섭취하는 음식물을 통틀어 이르는 말.

식사(食事) : 끼니로 음식을 먹음. 또는 그 음식.

영양(營養) : 생물이 살아가는 데 필요한 에너지와 몸을 구성하는 성분을 외부에서 섭취하여 소화, 흡수, 순환, 호흡, 배설하는 과정. 또는 그것을 위하여 필요한 성분.

만끽(滿喫) : 마음껏 먹고 마심.

호의호식(好衣好食) : 좋은 옷을 입고 좋은 음식을 먹음.

식음전폐(食飮全廢) : 먹고 마시는 일을 완전히 그만둠.

계란유골(鷄卵有骨) : 운수가 나쁜 사람은 모처럼 좋은 기회를 만나도 역시 일이 잘 안됨을 이르는 말.

㉗ 요리(Cooking)

주방(廚房) : 음식을 만들거나 차리는 방.

조미(調味) : 음식의 맛을 알맞게 맞춤.

시식(試食) : 음식의 맛이나 요리 솜씨를 보려고 시험 삼아 먹어 봄.

식단(食單) : 일정 기간 먹을 음식의 종류와 순서를 짜 놓은 계획표.

조삼모사(朝三暮四) : 간사한 꾀로 남을 속여 희롱함을 이르는 말.

어두육미(魚頭肉尾) : 물고기는 머리 쪽이 맛이 있고 짐승 고기는 꼬리 쪽이 맛이 있다는 말.

산해진미(山海珍味) : 산과 바다에서 나는 온갖 진귀한 물건으로 차린, 맛이 좋은 음식.

㉘ 취미(Hobby)

여가(餘暇) : 일이 없어 남는 시간.

기호(嗜好) : 즐기고 좋아함.

수집(蒐集) : 취미나 연구를 위하여 여러 가지 물건이나 재료를 찾아 모음.

심취(心醉) : 어떤 일이나 사람에 깊이 빠져 마음을 빼앗김.

다재다능(多才多能) : 재주와 능력이 여러 가지로 많음.

불철주야(不撤晝夜) : 어떤 일에 몰두하여 조금도 쉴 사이 없이 밤낮을 가리지 아니함.

전심전력(全心全力) : 온 마음과 온 힘을 다 기울임.

㉙ 놀이(Play)

완구(玩具) : 아이들이 가지고 노는 여러 가지 물건.

오락(娛樂) : 쉬는 시간에 여러 가지 방법으로 기분을 즐겁게 하는 일.

승부(勝負) : 이김과 짐.

유행(流行) : 특정한 행동 양식이나 사상 따위가 일시적으로 많은 사람의 추종을 받아서 널리 퍼짐.

여유만만(餘裕滿滿) : 사람의 성품이나 언행이 아주 침착하고 느긋함.

소탐대실(小貪大失) : 작은 것을 탐하다가 큰 것을 잃음.

건곤일척(乾坤一擲) : 운명을 걸고 단판걸이로 승부를 겨룸을 이르는 말.

㉚ 운동(Sport)

구기(球技) : 공을 사용하는 운동 경기.

체조(體操) : 맨손 또는 특정한 용구를 사용하여 회전, 지지, 도약 따위의 기량을 겨루는 경기.

시합(試合) : 운동이나 그 밖의 경기 따위에서 서로 재주를 부려 승부를 겨루는 일.

응원(應援) : 운동 경기 따위에서, 선수들이 힘을 낼 수 있도록 도와주는 일.

백발백중(百發百中) : 총이나 활 따위를 쏠 때마다 겨눈 곳에 다 맞음을 이르는 말.

용호상박(龍虎相搏) : 강자끼리 서로 싸움을 이르는 말.

전광석화(電光石火) : 번갯불이나 부싯돌의 불이 번쩍거리는 것과 같이 매우 짧은 시간이나 매우 재빠른 움직임 따위를 비유적으로 이르는 말.

한자와 영어 어휘를 동시에 익히는

문해력 쑥쑥 [어휘편] ①

초판 1쇄 발행 2025년 01월 24일
지은이 신영환, 정고을
발행인 최영민
발행처 피앤피북
인쇄제작 미래피앤피
주소 경기도 파주시 신촌로 16
전화 031-8071-0088
팩스 031-942-8688
전자우편 hermonh@naver.com
출판등록 2015년 3월 27일
등록번호 제406-2015-31호

ISBN 979-11-94085-31-7 (73700)